愛とためらいの哲学

岸見一郎
Kishimi Ichiro

PHP新書

はじめに

誰もが愛に関心がある

心理学や哲学を研究する傍《かたわ》ら、私は若い看護学生に長年心理学の講義をしてきました。学生がやがて看護師として働き始める時、患者はもとより、同僚や上司とよい関係を築けることが仕事をする上で重要になることを知っているので、心理学の中でも特に対人関係のあり方について詳しく話します。

一方的に講義をするだけでなく、学生の疑問や関心事を知った上で、それを踏まえた授業をしたいので、教壇の上に缶を置いておき、授業の前にあらかじめ質問を書いた紙を入れてもらっています。そして、毎回その質問紙に書かれた多くの質問に答えていくところから講義を始めるのです。

質問は、「私は看護師に向いていないと思う。どうしたらいいでしょうか」「実習に臨む時に気をつけることは何ですか」といった看護学生が抱く疑問から、「性格」や「友人関係」についてなど多岐にわたりますが、そこには毎回、必ず「恋愛」についての質問があります。比率的にいうと、半分以上が「恋愛相談」です。

恋愛は対人関係です。恋愛だけが他の対人関係とは違うわけではないので、恋愛について考える中で、患者さんとの関係の築き方についても学んでもらえたらと思い、こういった質問についてもできる限り丁寧に答えています。

質問に答えていると、オーストリアの精神科医、心理学者であるアルフレッド・アドラーの次のようなエピソードをよく思い出します。

アドラーは晩年、活動の拠点をアメリカに移しました。初めの頃は、仕事はほとんどありませんでしたが、やがて、一日に複数回の講演をするまでになりました。アドラーは、講演で一番よく受けた質問は恋愛相談だったといっています。当時アドラーは六十歳を超えていましたが、アドラーに恋愛について質問する人が多かったのは、現在残されているアドラーの写真から受けるイメージとは少し違って、彼がにこやかに話す人だったからではないかと想像します。アドラーがいかめしくて怖いおじいさんだったら、恋愛のことをたずねようとは思わなかったでしょう。

学生の質問に答える私もたぶんいかめしくはないからでしょう。こんな質問には答えられないだろうというような難しい質問をぶつけてくる学生もいます。例えば「どうしたら今付き合っている彼と別れられますか」といったような質問です。しかし、どれも真摯《しんし》な質問なので、丁寧に答えていきます。

カウンセリングの時にも恋愛について相談を受けることがあります。ある日、私は恋愛について微に入り細に入り話をしていました。私の言葉が途切れた時、青年がこういいました。

「ずいぶんと人生の修羅場をかいくぐってこられたのですね」

青年の突っ込みに動転しました。私が修羅場をくぐり抜けてきたと思えるほどリアルに話をしたということです。恋愛についてはただ一般的に論じても駄目で、具体的な話をしなければ、それがどういうものか理解することは難しいのです。本書でも、恋愛についてできるだけ具体的に考えていこうと思っています。

幸福な愛と結婚を扱う本はない

恋愛に躓《つまず》いた時、親しい友人がいればその友人に相談したり、恋愛をテーマにした本を読んだり、テレビや映画を観たりして、そこから今自分が直面する問題や不幸から脱却する糸口を探そうとします。学生が私に相談するのも同じです。

アドラーは、次のようにいっています。

「愛と結婚に対する準備を教えてくれる本はどこにあるだろう。たしかに愛と結婚を扱う本は数多くある。どの文学も恋愛物語を扱っている。しかし、幸福な結婚を扱っている本に出会うことはほとんどない」（『個人心理学講義』）

たしかに、アドラーが指摘するように、映画やテレビドラマを観たり小説を読んだりすると、「困難な状況にいる男性と女性の叙述」（前掲書）ばかりといっていいくらいです。

では、なぜそのような作品ばかりが世に溢れているのでしょうか。

不幸なラブストーリーがなぜ好まれるのか

アドラーは次のようにいっています。

「不幸なラブストーリーが数多くあるのは、おそらく読者がそれを利用するために求めるからであろう」（『人はなぜ神経症になるのか』）

読者が「利用」するというのは一体どういう意味でしょう。

世の中には、恋愛や結婚を避けようとする人がいます。

もしも恋愛がたやすいものであり、失恋というようなつらい経験をすることが決してないのであれば、恋愛や結婚を避けなければならない理由はありません。

反対に、恋愛が困難なものであり、自分の思いは決して相手に伝わらないのであれば、恋愛などしないでおこうと決心する人がいても不思議ではありません。自分の気持ちを打ち明けなければ、そもそも人を好きにならなければ、失恋するというような痛い目にあわなくてすむからです。

しかし、理由もなく恋愛を避けることはできません。そのことを正当化してくれる理由が必要です。そのため、「愛はこんなものよ」と愛に対してシニカルになる人がいます（前掲書）。斜に構え、人を好きになることなど恥ずかしいことだと考える人です。

このような人は、おそらく過去に失恋するなどして痛い目にあっているので、次にまた同じ目にあうことがないように愛から遠ざかろうとしているのです。しかし、恋愛がうまくいかなかったことが自分に何か問題があったからだとは思いたくないので、恋愛自体に価値がないといわなければならないのです。

そのようにいう人は、イソップ物語に出てくる狐のようです。お腹をすかせた狐は、支柱から垂れ下がった葡萄《ぶどう》の房を見つけて、取ってやろうと考えました。しかし、葡萄が高いところにあるため届かず、手に入れることができません。結局諦めた狐は立ち去り際に、こう独り言をいいました。

「あの葡萄はまだ熟れてない」(『イソップ寓話集』)

不幸なラブストーリーも、同じ目的のために使われます。読者が「不幸なラブストーリーを利用する」とアドラーがいっているのは、愛や結婚に対して消極的であることを正当化するために利用するということです。

そのような人は、不幸なストーリーを好みます。恋愛を避けようとするためには、恋愛を困難なものだと見なければならないからです。

恋愛が実際に困難なので恋愛を避けようとするのではありません。恋愛を避けるために恋愛は困難だと思わなければならないのです。人を愛さないという決心をするためには、幸福なラブストーリーでは駄目なのです。

シンデレラのような恋

ハッピーエンドの本や映画、ドラマはもちろんあります。しかし、ハッピーエンドの物語ではそれを読んだり観たりした後に、誰かと恋愛したいと思ってしまうかもしれません。しかし、実際、好きな人と出会って恋愛が現実になっても、本やドラマのような展開にはなりません。現実とフィクションとの違いに失望するかもしれません。

しかし、現実とかけ離れたシンデレラストーリーであれば話は別です。憧れる人もいるでしょう。そのような物語も実は不幸なラブストーリーと同じ理由で好まれているのです。

そこに描かれる理想的な男女の織りなすラブストーリーは、あまりに現実とはかけ離れているので、現実の生活で出会う人を恋愛や結婚の候補者から外すために好まれるのです。そうするには、「ロマンティックで理想的な、あるいは、手に入れられない愛」（アドラー『人生の意味の心理学』）を創り出せばいいのです。

苦しい恋愛をしているあなたへ

今しがた、「恋愛は対人関係」と書いたのですが、講義を始めた最初の頃に学生がする質問を見ると、多くの学生が恋愛を〝好き〟という感情の問題と捉えているように見えます。しかし、好きという感情は恋愛の出発点でしかないということを私は早い段階で話します。

相手のことを好きだと思っていても、喧嘩《けんか》をする、あるいは喧嘩とまではいかなくても、よいコミュニケーションを取れず、相手が何を感じているかよくわからないとか、こちらの思いが相手にうまく伝わらないというようなことがあれば、既に二人の間に愛はなくなっているのです。

恋愛は好きな人に自分の思いを告白し、その人が自分がその人を好きであるのと同じくらい自分のことを好きであることがわかったからといって、めでたし、めでたしとはならないのです。

たとえ互いの気持ちを確認し付き合いが始まったとしても、その後に考えや感じ方などで行き違いが生じたり、どちらかが、あるいは双方が他の人に関心を移したりするというようなことがあると、最初の頃のような情熱は急速に冷めてしまいます。付き合い始めた頃は一緒にいるだけで幸福に感じられたのに、二人の関係が思うようにならなくなると、不満が募り恋愛は喜びよりも苦しみをもたらすことになります。

恋愛で何らかの意味で躓いたことがない人は、おそらく本書を手にすることはないでしょう。また、一度躓いても自信がある人はすぐに次の恋愛が待っていると思えるでしょうし、そのような人も本書を手にすることはないでしょう。

そこで、本書では、恋愛でこうした苦しい思いをしたことがある人、再び同じような苦しみを味わうことを怖れるあまりに、恋愛を遠ざけてしまっているような人、そして、まさに今、恋愛や結婚しているパートナーとの関係で苦しんでいるような人を読者として想定しています。

幸福は対人関係の中で得られる

ではなぜ、恋愛を避けようとすることが問題なのでしょう。たしかに、恋愛は自分の思う通りにはいかないことが多く、傷つくような経験をすることがあります。

そもそも恋愛関係に限らず、どんな対人関係も面倒で難しいものです。誰かと関われば、嫌われたり、憎まれたりして、傷つくことを避けることはできないからです。どんな対人関係においても、何らかの摩擦が生じるものです。

アドラーはこのような対人関係の難しさを「人間の悩みはすべて対人関係の悩みである」という言葉で表現しています（『個人心理学講義』）。対人関係で悩んだことのある人は、その通りだと納得するでしょう。

しかし、他方、生きる喜びや幸福も対人関係の中でしか得ることはできません。どれほど痛い目にあい、もう二度と人を好きになったりしないと思っていたのに、しばらくすると、気づけばまた誰かを好きになっている。これは、本音では恋愛という対人関係の中でこそ幸福になれると思っているからです。失恋するなどして、本当に恋愛は苦しいものだと思ったのであれば、二度と人を好きになったりはしないはずです。

人を好きになるというのは自分の意志とは関係なく、つらくなるとわかっていても人を好きになってしまうものだと考える人もいるでしょう。この考え方については後に詳しく見ていきますが、ここでは幸福になれないとわかっているのに、人を好きになることはないことを指摘しておきます。

例えば、長く付き合ってきた人と結婚しようと思ったのは、この人となら幸福になれると確信したからです。たとえ、その決心が数年後に誤りであることがわかったとしてもです。この人と結婚すれば必ず不幸になるとわかっていながら結婚しようと思った人はいないはずです。

痛い目にあって、もう人を好きにならないでおこうという決心をした人でも、最初から人を愛さないでおこうと思っていた人はいないのではないでしょうか。

総じていえば、結果として不幸になることはあっても、誰かを愛し、結婚しようと思う時、幸福になることを願わない人はいないのです。そうであるならば一体、どこで間違いが起こるのかを考えてみなければなりません。

また、関係がうまくいかなくなったのは恋愛それ自体ではなく、相手、あるいは自分に問題があったからだと考える人もいるでしょう。しかし、やがて見るように、これは半分は当たっていますが、半分は間違っています。

問題は誰を愛するかではなく、どのように人を愛するか、その愛し方にあるからです。愛され方ではありません。相手さえいれば恋愛ができる、今はふさわしい人が見つからないだけだというのであれば、出会いがあればすべてうまくいくはずですが、何度も恋愛で痛い目にあった人であれば、そんな簡単な話ではないことがわかっていることでしょう。

幸福な愛の物語

本書は、アドラーの表現をもじっていえば、「幸福なラブストーリー」ですが、それでも問題の所在がどこにあるのかを明らかにしなければなりません。それがわからないために、相手が変わっても同じ失敗を何度も繰り返す人が少なくないからです。

しかし、どこに問題があるかがわかり、その明らかになった問題を取り除けば何もかもうまくいくというわけではありません。多くの人はどういう関係が理想的な関係なのかというイメージを持っていないように見えます。そのイメージがなければ、今ある問題を取り除いても、また別の問題が生じてしまい、よい関係を築くことはできません。

どういう関係であればよい関係だといえるかがはっきりイメージできれば、たとえ現状では二人が理想の関係からはほど遠くても、それに近づく努力をすることはできますし、その努力をできることが二人がよい関係であることの証であるといえます。

本書では、まず、なぜあなたの恋愛が幸せをもたらさないのか、どこに問題があるのかを探ります。次に、結婚し、さらに子どもが生まれた時に直面する困難について見ます。そしてその後、人を愛するというのはどういうことなのかを明らかにした上で、最後に、具体的に人を愛する時にどうすればいいのかを考えます。

やがて見るように愛は対象の問題ではありません。つまり、誰と出会い、誰を愛するかというよりも、いかに愛するかを考えなければならないという意味で技術の問題だと私は考えています。したがって、男女の恋愛のことだけを念頭に置いて論じるつもりはありません。

私の専門はもともと古代ギリシア哲学ですが、プラトンの対話篇で論じられる愛は同性愛です。愛は対象ではなく技術、愛し方こそ問題なので、異性愛、同性愛といった愛する対象による区別は問題にならないのです。

恋愛は、相手さえいればいいというような安直なものではありませんし、出会いがあってもうまくいかず、別れることになってしまうこともあります。関係を持続させるには努力が必要です。それでも、この努力は二人の関係をよくするための努力なのですから、喜びのための努力といえます。

当然のことながら、恋愛は若い人だけの特権ではありません。長く生活を共にしている人であっても、恋愛を過去の一回きりのエピソードにしてはいけません。若い人だけでなく、あらゆる年代の人が、二人の関係を今よりもよいものにするためのヒントをつかんでくださったら嬉しいです。

愛とためらいの哲学　目次

はじめに　3
誰もが愛に関心がある　3
幸福な愛と結婚を扱う本はない　5
不幸なラブストーリーがなぜ好まれるのか　6
シンデレラのような恋　8
苦しい恋愛をしているあなたへ　9
幸福は対人関係の中で得られる　11
幸福な愛の物語　13

第1章
なぜあなたの「恋愛」は幸せをもたらさないのか
なぜ同じことを繰り返すのか　28
恋愛だけが特別ではない　28
仕事における対人関係　30
友人との関係　31

恋愛における対人関係　33
恋愛は二人の課題である　34
恋愛を言い訳にしてはいけない　36
どうせ愛してもらえない　38
勝算のない恋愛はしない人　42
百パーセントから始めることの無理　43
ためらう理由はいくらでも見つかる　46
「出会いがない」は本当か　47
愛することは能力である　50
愛は技術である　51
ライフスタイルを変える勇気を持つ　54
早期回想からライフスタイルを描く　57
困難な恋に走る人　62
思うようにならない他者　65
相手を支配しようとする人　66
なぜ攻撃的になるのか　69

メールの返信がこない 70
愛は強制できない 73
嫉妬は悪魔の属性である 74
花に水を与えるように 78
あなたの何が問題なのか 80

第2章 結婚と子育ての困難について

結婚は不幸の始まりかもしれない 84
結婚の未来は予測できない 87
予測できないからこそ結婚には価値がある 89
なぜ結婚に踏み切れないのか 91
親が結婚に反対してきた場合 93
打算的な人は相手を犠牲にしている 95
ライフスタイルが問題 97

パートナーはあなたの親ではない 98
役割を固定しない 102
子どもができてからの困難 105

第3章 人を愛するとはどういうことなのか

闇を取り除くのではなく、光を当てよう 110
愛は正気と熱情の合体である 111
「別れの理由」はどこにでも 112
恋愛に「なぜ」はない 114
真のパートナーになれる人に打算はない 115
愛は衝動を超える 116
あの人は嫌いだけど、あなたは好き? 118
隣人愛は可能か 120
初めにインパーソナルな愛がある 122

偶然の出会いを運命の出会いへ　124
一目惚れはない　126
邂逅　127
愛は「流れ」である　129
生きられる時間　130
「持つ」ことと「ある」こと　132
永遠とは「今ここ」に生きることである　134
未成熟な愛　138
ギブ・アンド・テイクではない　141
他者に開かれる私　143
かけがえのないあなた　144
愛されないことの寂しさ　145
依存関係にならないために　147
自己中心性からの脱却　149
二人は共鳴する　151
愛は自由を求める　154

勇気を持つ人だけが、愛を実現できる　156

第4章 幸福になるための「愛する技術」

愛を豊かに生きるために　160
きちんと言葉にする　161
対等な関係を築けているか　164
相手に関心を持つ　166
何ができるかを考える　168
絶え間なく相手への関心を保つ　169
相手は理解を超える　170
人はわかり合えない　171
考えが違う時　173
話し合いの技術　177
権力争いから降りる　180

喧嘩は相手への甘え 181
なぜ怒ってしまうのかを考える 183
素直になれない時 184
黙っていれば何も伝わらない 186
よいコミュニケーションとは何か 187
いつも上機嫌でいよう 189
自信を持てば嫉妬しなくなる 190
目の前にいる人と付き合おう 191
集中力を持つ 193
「今ここ」を生きる 195
遠距離恋愛を続けるには 198
初めて会うのだと考えてみる 201
「父と母」ではなかった頃へ戻る 202
驚きを忘れない 204
仮面を外す 205
ありのままのあなたを尊敬する 207

無条件で信じる　208
課題解決能力があると信じる　210
よい意図を見る　211
協力して幸福になる　212
協力できているかどうかの見極め　214
目標を一致させる　216
セックスとコミュニケーション　217
性的な魅力を感じなくなったら　221
別れる時　224
なぜ人を愛するのか　229
おわりに　232
参考文献　236

第1章

なぜあなたの「恋愛」は幸せをもたらさないのか

なぜ同じことを繰り返すのか

好きな人がいても、それを伝えられない。勇気を振り絞って告白してみても、相手から望む反応が返ってこない。付き合い始めることになっても、時が経つにつれ最初の頃のような幸福感は失せ、相手のことを考えることすら苦痛になる。二人の関係は日に日に悪化し、ついには別れることになる。

このような経験をすると、もう恋なんかしないと、次に誰かを愛することをためらうことになります。

自分が恋愛でどれほど苦しんだかということを吹聴《ふいちょう》する人もいれば、「愛なんかこんなものよ」と自分に言い聞かせる人もいます。

しかし、恋なんかしないと決心をしたのに、気がつけばまた好きな人ができ、でもまた、その人とも関係がうまくいかなくなって別れるということを繰り返してしまいます。

本章では、なぜ同じことを繰り返すのか、好きな人ができれば幸せになれるはずだったのに、なぜ幸せになれないのか、そこにどんな問題があるのかを見ていきましょう。

恋愛だけが特別ではない

誰かを好きになっただけでも昨日までとは違う世界で生きているような気がします。好きな人と付き合い始めると、ついこの間失恋したばかりでも嬉しくて本当に生きていてよかったとまで思います。

そうなると、好きな人のことしか考えられなくなり、仕事や勉強がまったく手につかなくなったり、それまで一緒に過ごすことを楽しんでいた友人と以前ほど密に連絡を取らなくなったり、友人と一緒に過ごしていた休みの日に好きな人とデートをしたりするようになります。

しかし、どれくらい親密であるかは措《お》いておくとして、恋愛における対人関係も、他の対人関係とは別の、何か特別なものというわけではありません。職場での対人関係や友人との関係と基本的には同じです。

ですから、愛の関係において起きる困難は基本的には他の対人関係に起きる困難と同じです。付き合っている人はいるけれど、友だちはいないとか（友だちがいないと駄目だといっているのではありませんが）、好きな人のことばかり考えて前ほど仕事に熱心ではなくなったということは本来的にはありえないのです。

それでは、どの関係もまったく同じかというとそうではありません。対人関係という点ではどの関係も同じですが、恋愛における対人関係は距離と持続性という二つの点で他の対人関係と異なっています。恋愛における対人関係について考えるために、まず仕事と交友における対人関係について見てみます。

仕事における対人関係

どんな仕事であっても対人関係がまったくないということはありません。私は外に出かけない日は、もっぱら自宅で本や雑誌の原稿を書いていて、その間ずっとほとんど誰とも話さず、コンピュータに向かっています。それでも、本を出版するためには、編集者や出版社の人たちと打ち合わせをするために会わなければなりません。一人でできる仕事はありません。

このように仕事において対人関係は避けることができませんが、その対人関係が面倒で煩《わずら》わしいものに思えることはあります。営業の仕事ともなれば、対人関係が仕事そのものです。

それでも、職場における対人関係は一度職場を後にすれば、翌日までは一旦、考えないでおくことができます。実際には、帰宅後も昼間の対人関係を思って憂鬱《ゆううつ》な気分になり、プライベートな生活にまで煩わしさを引きずることもありますが、本来的には職場を後にすれば職場での対人関係を切り離すことは不可能ではありませんし、切り離さなければならないともいえます。プライベート（private）という英語はラテン語のprivareが語源で、その意味は「奪う」です。奪い取らなければ自分のプライベートな時間を確保することはできないのです。

学生にとっては、勉強することが仕事です。勉強をするために学校に行っているのですから、学校で誰とも交わろうとしなくても問題はありませんし、そのことで誰かからどうこういわれることではありません。予備校など受験勉強のために集まる場に、友だちを求めて出かける人は本来はいないのと同じです。

ただし、学校は生徒同士の関係が密で、校内行事などもありますから、そこでは対人関係が発生します。それでも、会社の対人関係と同様、その関係は帰宅すれば忘れることができます。

友人との関係

そうであっても、職場や学校での対人関係がきっかけになって、誰かと言葉を交わすようになり、やがてその人との関係が学校や職場の外、あるいは、学校や職場を後にした時間にも続くようになることがあります。仕事や勉強にとどまらず、個人的な話をするようになるのです。この関係はもはや仕事（勉強）の関係ではなく、交友関係です。

仕事の関係と交友関係を厳密に分けることは難しいこともあります。原則的には、職場での対人関係は仕事なので、仕事仲間と親しくなる必要はありません。それでも、完全に仕事と割り切って話をするだけということはないでしょう。

もっとも、一体感や連帯感のようなことが仕事の出来よりも大切にされる雰囲気が職場にあれば、付き合いがよくないことが問題にされるようなことがあるかもしれませんが、そのようなことは本来仕事とは関係がないことだと反発する人もいるでしょうし、その反発は基本的には正しいものです。

とはいえ、職場での対人関係が交友関係と区別できなくなることはあります。この人とだったら一緒に仕事をしたいと思うような人がいれば、その人との関係は仕事での付き合いというよりは、限りなく交友関係に近いといえますし、交友関係だといってもいいくらいです。

この人となら一緒に仕事してみたいと思える人と築かれる関係が仕事を超えて、交友の関係であるとすれば、この交友関係には共通の目標があることになります。互いに相手を見るというよりは、二人（仕事によっては多くの場合、二人以上）の先にある目標を見据えているのです。

実現を目指す共通の目標があることはあらゆる交友関係に当てはまることではありませ

んが、対人関係のあり方として注目することはできます。反対に、恋愛関係では一緒に過ごせさえすればいいので、何も目標のようなものはないと考える人もいます。しかし、恋愛関係においても、これから先どうするのかが問題になった時、目標が一致しないことで関係が危うくなることがあります。このことについては後で取り上げます。

恋愛における対人関係

さて、本書のテーマである恋愛や結婚における対人関係は、基本的には、この交友関係が基礎にあります。先にも見たように、恋愛や結婚において起こる問題は、他の対人関係において起こる問題と基本的には同じです。ですから、交友関係を築けない人にとっては、恋愛や結婚における対人関係も難しいものになります。

しかし基本的に同じとはいえ、恋愛や結婚における対人関係は、仕事上の対人関係や交友関係よりも関係が近く、その上、長く続くので、さらに難しいものになります。

仕事であれば職場を後にすれば関係をリセットできますし、友人であればどんなに親しくても、会うたびに次に会う約束を必ずするということはないでしょう。

ところが、恋愛関係の場合は、他の対人関係と違って、いつも一緒にいなければならないと考える人がいます。離れていても、連絡は緊密に取らなければならないと考える人もいます。

付き合っているのであれば、いつも近くにいるべきだという考えが、決して自明ではないことについてはやがて見ていきますが、関係が一時的なものではなく持続する深いものであるというのは本当です。だからこそ、恋愛の場合は、関係を築くことも、関係がこじれた時の修復も難しいのです。

反対に、こじれることを恐れ、恋愛においてですら、関係を深めようとはしない人がいます。いつでも別れられるように、深入りしない、本気にならないでおこうと決めている人もいます。実際、そんなことが可能なのかは別問題ですが。

恋愛は二人の課題である

さらにいうと、恋愛関係が他の関係よりも難しいのは、それが二人の課題だからです。アドラーはそう考えています。

私たちは、一人で成し遂げることができる課題、あるいは、多人数で成し遂げる課題については教育を受けてきましたが、二人で行う課題については何も教えられてこなかったのです。

家庭や学校でどうふるまうべきかということについては、親が、あるいは、教師がきちんと教えなければならないと考えられています。ところが、恋愛だけはことさら教える必要も学ぶ必要もないと考える人は多いでしょう。恋愛は個人的なものなので、そのようなことについては、学校で学ぶようなものではないと考える人もいます。

そのような個人的な恋愛のことは誰からも教わらなくてもよいという人は、恋は「落ちる」ものだと考えているのです。恋は坂道に置かれた石が放っておいても転がるようなものなので、ことさら誰かから恋愛について学ぶ必要はないと考えているのです。

しかし、やがて見ていくように、恋が坂道を石が転がるように自然的なものであるならば、恋は感情に任せていればうまくいくはずであり、悩んだり苦しんだりすることはないはずです。

しかし、実際には、恋愛は自分が思うようにうまくいくとは限りません。自分の思いが受け入れられなかったり、付き合い始めてからよい関係が続かなかったりして、そのため悩み、苦しむ人が多くいます。

そうであるならば、たとえ恋が落ちるものだとしても、それは二人の関係が始まるきっかけでしかなく、関係を続けていくためには感情だけでは足りない、あるいは、そもそも恋は落ちるような自然的なものではないのではないかと考えてみなければなりません。

恋愛を言い訳にしてはいけない

恋愛関係が、人生の他の対人関係よりも重要であるということはありません。恋愛が人生のすべてだと思ってしまうと、ちょうどワーカホリックな人が仕事にだけ情熱を注ぎ、家庭を顧みない時と同じようなことが起こります。

ワーカホリックな人は、仕事を優先させ、仕事が忙しいことを、他の人生の課題に取り組めないことの理由にします。家庭がうまくいかなくなったのは、仕事が忙しく家庭でゆっくり過ごせなかったからだというのです。しかし、仕事が忙しいどころか、遠く離れて暮らしていても、結婚生活がうまくいっている夫婦もいます。

和辻哲郎という哲学者が留学中に妻の照《てる》と交わした手紙が残っています。彼がヨーロッパに留学したのは二十世紀の初めのことです。瞬時にメールが届く今の時代では想像もつかないことかもしれませんが、当時は手紙といっても船便ですから、和辻が出した手紙が妻に届くには一《ひと》月以上かかりました。それでも、和辻は毎日妻に手紙を送りました。妻の元に毎日届く手紙はいわば過去からの手紙です。当然、二人は遠く離れて生活していることを意識していたはずですが、二人が交わした手紙には今言葉を交わしているのと同じ喜びが溢れています。

遠く離れて暮らすと、やがて連絡が間遠《まどお》になるなど、関係がよくない方向へ進むことが多いですが、和辻のこのエピソードからも、二人を取り巻く困難が必ずしも関係の妨げになるわけではないことがわかります。

仕事の話に戻すと、仕事が忙しく家でゆっくり過ごせないということは、二人の関係がうまくいかない時に後から作り出される理由でしかありません。

同様に、恋愛が他の人生の課題よりも優先され、他の課題への取り組みが疎《おろそ》かにされるということがあれば、それは、愛以外の課題を疎かにしていることの言い訳として、恋愛を利用しているだけなのです。寝ても覚めても、好きな人のことを思い、食事をするのも忘れるようなことを愛の真髄《しんずい》だと考える人もいるでしょうが、愛の喜びに浸っている時ですら、日々の生活は続いていきます。仕事もしなければなりません。

よき配偶者という意味で使われる「ベターハーフ」という言葉があります。この言葉は、プラトンの『饗宴』の中で喜劇作者のアリストパネスが語る次のような話に由来しています。

昔の人間は今の姿とは違い、今の人間を背中合わせに二人くっ付けた姿をしていました。手と足は四本、顔は前後に二つ、目は四つ、口が二つという具合です。この人間は、力が強く、神々に従わないこともあったので、ゼウスは罰としてこの人間を二つに割ってしまいました。

アリストパネスは、このようにして分けられた自分のもう一つの半分（ハーフ）を求め、一体性を回復しようとすることこそが愛であると考えたのです。

しかし、ベターハーフを見つけた二人は、一体性を回復すると、そのまま背中合わせで離れようとせず、寝食を忘れ、仕事もしないでそのまま死んでいくことがありました。

そこでゼウスは、それまでは背中についていた生殖器を、抱き合った時に直接触れ合う面に持ってくることにしました。そして、それまでは、子どもを生むための行為は人間同士ではなく、地面の中にしていたのを、二人が抱き合う時に子どもが生まれるようにすることで、そこで結合の満足感を持てるようにしたのです。こうしたゼウスの配慮により、ようやく人間は常に抱き合い続けることをやめ、他の仕事ができるようになったのです。

ゼウスの配慮以前の人間のように、恋愛関係だけにエネルギーを注ぎ、友人との関係を疎かにしていたら、気がつけば、まわりに二人以外誰もいなくなってしまうでしょう。

どうせ愛してもらえない

私が教えてきた学生たちの中には現に誰かと付き合っている人もいますが、そうでない人も多いです。そういった学生たちは、「どうしたらステキな人に出会えますか」とか、

「好きな人にどうやって告白したらいいですか」という質問をしてきます。彼女たちからすれば、決まった人がいる友人たちが羨ましく思えるのでしょう。

それでも、付き合っている人がいる友人を羨ましく思っているように見えても、実は、誰かを好きになったり、付き合ったりすることにためらいを感じたり、恐れているということがあります。

もちろん、私の学生は十八歳くらいですから、それまで誰も好きになったことがなく、恋愛についてまったく何も知らないという人は多くないとしても、それでも、もう何人もの人と付き合ってきたという人は多くないでしょうし、これから先、就職し結婚することを思い描いた時、まったく未知の世界に踏み出すような思いがするのでしょう。知らないことにはワクワクするという以上に、不安や恐れを感じても不思議はありません。

そのような人は恋愛にためらいを感じています。ところが、気づいたら誰かのことがいつも気にかかり、忘れようと思ってもその人のことをいつも考えている自分に気づくということはあります。「恋に落ちた」のです。でも、このようにいうと、「道を歩いていたら、穴に落ちた」みたいですね。

さて、ここから先が簡単ではありません。好きになった人に自分の思いを打ち明け、お付き合いできたら、どれほど幸せになれるだろうと思ってみても、事はそう簡単には運びません。

好きな人にためらわず声をかけられるような人であれば悩んだりはしません。しかし、好きな人に告白しても受け入れてもらえるはずはないと思う人は、自分の気持ちを伝えることをためらいます。告白しなくても結果はわかっているからと、何か行動を起こす前に諦めてしまうのです。

ためらうのは、自分の気持ちを受け入れてもらえなかった時、そのことで自分が傷つくことを恐れるからです。アドラーは次のようにいっています。

「自分に価値があると思える時にだけ勇気を持てる」(*Adler Speaks*)

この勇気とは対人関係の中に入っていく勇気のことです。対人関係に入るのになぜ勇気がいるのかといえば、先に見たように、自分の思いを受け入れてもらえるかわからず、受け入れられなかった時、傷つく可能性があるからです。傷つくかどうかは自明ではありませんが、今は普通の言い方に従います。

人と関わることで傷つくことを恐れる人は、対人関係の中に入っていこうとはしません。恋愛についていえば、好きな人に自分の思いを伝えても受け入れてもらえないということは、残念ながらあります。

そこで、自分の思いを伝えないことを自分で納得できるよう、自分について低い評価をします。自分でも自分のことが好きでないのに、どうして他の人が自分を好きになるだろうと考えるのです。先に引いたアドラーの言葉を使うならば、自分に価値がないと思うので、対人関係の中に入らないのではなく、対人関係の中に入らないために自分に価値があると思ってはいけないのです。

しかし、先に書いたように、対人関係の中でこそ生きる喜びも幸福も感じることができるのですから、対人関係の中に入っていく勇気を持ちたいのです。

自分の思いを打ち明けても、必ず拒まれるとは限りません。打ち明けなければ、拒まれてつらい思いをしなくてすむでしょうが、確実なことは、黙っている限り、何も起こらないということです。

恋愛をためらう人が勇気を持つためには、自分には価値があると思い、そんな自分を好きになることが必要であることがここまでのところでわかります。それでは、そう思えるためには何をどうすればいいのでしょうか。

勝算のない恋愛はしない人

このように、最初から拒まれたり、関係に行き詰まるなどして傷つくことを予想する人、あるいは、一度でも傷つくような経験をしたことがある人は、いわば、勝算のある恋愛だけをすればいいと考えがちです。このような人は、先に見たのとはまったく違う意味で愛をためらいます。

普通に親が子どもを育てると、子どもは競争関係の中で生きることを当然だと思うようになります。他のきょうだいと競い、勝とうとするのです。そのために、子どもは親から叱られず、ほめられるようふるまおうとします。そのような子どもは、やがて成長してからも、こうしたきょうだい間で始めた競争を学校でも、さらに成人して社会の中に入ってからも続けるようになります。

そのように育った人は、競争に負けることを恐れ、競争に勝たなければならないと思うので、恋愛や結婚においても、他者に勝たなければならないと考えます。

しかし、他のすべての競争がそうであるように、競争しても常に勝てるとは限りません。失恋するかもしれませんし、結婚してもうまくいかないかもしれません。好きな人に告白してふられたら、首尾よく好きな人と付き合えた人、幸福な結婚ができた人に負けたことになります。

きょうだいの幸せな結婚も、恋愛と結婚をためらわせます。自分よりも先に結婚したきょうだいがいた場合、自分も同じように幸せになれなければ、負けることになるからです。

そもそも、誰かと競争するために人を好きになったり、結婚したりするのではないはずですが、常に人と競争して生きてきた人は愛や結婚においても勝たなければならないと考えるため、勝算がなければ愛の関係に入っていこうとしないのです。

百パーセントから始めることの無理

負ける恐れがなければいいと考える人がいます。

「付き合っている人と結婚できるか占ってもらったら、結婚できないといわれ、ショックで食事も喉を通らない」と、若い友人が電話をかけてきたことがありました。彼女は、恋愛は百パーセントから始めたいというのが持論でした。互いの相手への思いがはっきりとわかっているところから恋愛を始めたいというのです。

相手の気持ちがはっきりとわからないことにこそ恋愛の醍醐《だいご》味《み》があるのではといってみても話は通じません。

相手を好きであるとか、愛しているというのはどういうことなのか、そのことで相手に何かを求めようとしているのか、そうであれば何を求めようとしているのか。そういったことについて考えようとはしません。

私は、相手への気持ちというのは決して固定しているものではなく、喩えてみれば、どこかで立ち止まっているというよりは、近づいたり遠ざかったりして、絶えず変わっていくものなのではないかと考えています。しかし彼女は、そのように気持ちが変わるのであれば、二人の関係がこれからどうなるかわからないので不安になるというのです。

まず私は、なぜ彼女が結婚できるかを占ってもらったのかを知りたいと思いました。

「彼とはうまくいってなかったの？」

「そんなことありません。よい関係だと思います」

「それなら占いに行く必要はなかったのでは？」

「結婚したいから……」

「それで、占いに行ったら、結婚できないといわれた」

「はい」

もしこれが友人との会話ではなく、カウンセリングの場であれば、「それで、これからどうしたいのですか」とたずねてみたいところです。きっと「結婚したい」という答えが返ってくるはずです。彼女は相手との関係を「よい関係」であるといいました。しかし、本当に関係がよいのであれば、この人がいう百パーセントが維持され続けているのであれば、きっと結婚することになるだろうと確信して、わざわざ占いに行こうとは思わなかったはずです。

しかし占いに行ったということは、実際にはおそらく、自分の気持ち、あるいは、相手の気持ち、さらには、二人の気持ちに揺らぎが生じたのでしょう。ここにきて、先回りして、長編小説の結末を知りたいと思うような気持ちだったのかもしれません。結末がわかっていれば、安心して本を読めるという人がいますが、結婚できないというのが結末ならば、関係を続けても意味はないと思ったのでしょう。私自身は推理小説の結末を先に読み、犯人を知ってしまうと、読書の楽しみが奪われることになると思います。人生も先のことがわかっていないからこそ面白いと私は考えていますが、このことについては後に考えてみます。

私はこういいました。「占いで結婚できないといわれてよかったね」と。たちまち、「よくなんかない」と反論されましたが、こう説明しました。

「彼と結婚できるといわれたら、彼との関係をよくする努力はしないでしょう？　でも、ダメだといわれ、それでもあなたが彼と結婚したいと思うのなら、関係をよくする努力をするでしょう？」

ためらう理由はいくらでも見つかる

恋愛や結婚をためらう理由はいくらでも見つけることができます。

親の結婚が不幸なものであったことを、結婚をためらう理由にする人がいます。この場合、親の結婚が不幸だったので結婚をためらうようになったのではありません。親の不幸な結婚を、結婚をためらう理由にしているだけです。

恋愛や結婚をためらう理由として持ち出されることは、親の不幸な結婚の他にもいろいろなものがあります。病気、神経症、過去に経験した大きな災害、事件、事故、幼い時に親から受けた虐待などなど……。これらを、愛や結婚生活がうまくいかないことの理由として使うのです。

もちろん、このようなことがまったく影響を与えないわけではありません。しかし、同じ出来事を経験した誰もが同じ人生を送り、同じように対人関係で躓くわけではありません。恋愛や結婚がうまくいかないのは、今現在の対人関係をうまく築けていないからであり、過去に経験したことが原因ではありません。

今の関係がうまくいっていないことの原因が過去の経験にあるとするならば、関係を改善するためには過去に遡り、経験したさまざまのことをなかったことにしなければなりません。しかしタイムマシーンがない以上、今の問題は決して解決できないことになってしまいます。

過去のことを持ち出すのは、恋愛や結婚がうまくいかなくなった時に、その原因が自分にはなく、自分には責任がないと予《あらかじ》め主張したいからです。自分に責任がないのであれば、恋愛や結婚が思うようにいかなくても、他の人に負けたことにはならないと考えることができるからです。

本気で関係を改善したいと思っているのであれば、過去に問題の原因を求める考え方から脱却する必要があります。

「出会いがない」は本当か

過去ではなく、今現在の生活のあり方に恋愛や結婚が思うようにならないことの理由を求める人もいます。出会いがないというのが、まさにそれです。

恋愛しようにも、出会いがない、女性ばかりの、あるいは、男性ばかりの職場なので、出会いがまったくないのが、自分の恋愛がうまくいかない理由だというのです。たしかに、職場には恋愛や結婚の対象になる人がいないかもしれませんが、それでも通勤や通学途上で出会う人はいるはずです。

旅行が好きな人であれば、列車やバス、飛行機の中で、もちろん、旅先でも、出会う機会があるはずです。

さらに、今は電話やメールで瞬時に遠く離れた地にいる人とでも繋《つな》がることができます。このことがはたして愛を育むためにいいことなのかどうかは措いておくとしても、出会いがまったくないといわれても、にわかには信じることができません。

運命的な出会いがないという人は、本当は自分の人生を変えるような出会いをしていても気づいていないだけなのです。あるいは、気づかないようにしているのです。結婚に憧れている人が運命的な出会いがないといいたがるケースを初めに見ましたが、そう思うのは出会った人を恋愛の、そして、結婚するパートナーの候補者から外すためです。

なぜ、本当は出会いがあるのにないと思わないといけないかといえば、恋愛がうまくいかないことで傷つきたくないことが一つの理由、誰もが羨むような結婚をすることを友人と競っている人が、競争に勝つために現実に会う人を結婚の候補者から外すことがもう一つの理由です。どちらも先に見ました。

私が教えてきた看護学校や大学の看護学部の学生には女性が多いのですが、看護師を目指す男子学生も多くなってきたため、男子学生も少なからずいました。「出会いがない場合はどうしたらよいのでしょうか」という質問に、「この教室に男子学生がいるではないですか」というと、女子学生からブーイングが起こりました。

最初に見たように、シンデレラストーリーに憧れる人は現実の生活で出会う人を恋愛や結婚の候補者から外したいのです。相手の年収が一千万円であることを本気で結婚の条件と考えているのではありません。ただ、しつこく迫ってくる人を諦めさせたいがために、そう考えているだけかもしれません。

出会いがないといっている人は、友人が自分より先に誰かと付き合ったり、結婚したりすることになってもいいと考えています。関係がうまくいかないという現実に直面するよりは、「もしもいい人に出会えたら」という可能性の中に生きる方がいいと考えているからです。

恋は落ちるものなのに出会いがないと思っていた人が、実際には出会うだけでは駄目だということがわかれば、出会いがないこと以外に恋愛に踏み出さない理由を探します。

過去の経験に原因があると思う人も、出会いがないという人も、いずれも自分には問題がないと思いたいのです。もしも出会いがあれば、もしも相手に彼や彼女がいなければ……、と、仮定の世界に生きることになります。

愛することは能力である

それでは、出会いさえあれば、恋愛はうまくいくのでしょうか。そう思っていた人でも、実際に誰かと付き合い始めると、出会いは出発点にすぎないことにすぐ気がつくはずです。

ドイツの心理学者であるエーリッヒ・フロムは、次のようにいっています。

「愛の問題とはすなわち対象の問題であって能力の問題ではない。（略）愛することは簡単だが、愛するにふさわしい相手、あるいは愛されるにふさわしい相手を見つけることはむずかしい――人びとはそんなふうに考えている」（『愛するということ』）

多くの人は、愛することは簡単だが、愛するにふさわしい相手を見つけることは難しいと考えています。しかし、フロムはそうではないといいます。フロムは、大切なのは相手を見つけることではなく、相手を「愛する能力」だといっているのです。

何度恋愛をしても、うまくいかない人がいます。結婚と離婚を何度も繰り返す人もいます。そのような人は、当然、愛する人がいないわけではありません。それにもかかわらず、恋愛や結婚で躓くとすれば、その人の愛し方、愛する能力に改善の余地があると見ることができます。

愛を自然的なもの、つまり、「落ちる」ものだと考える人、しかし、肝心の落ちる相手がいないと思っている人にとって、フロムの考えは驚きでしょう。フロムはさらに次のようにいっています。

愛は技術である

「愛は技術だろうか。技術だとすれば、知識と努力が必要だ。それとも、愛は一つの快感であり、それを経験するかどうかは運の問題で、運がよければそこに『落ちる』ようなものだろうか」（前掲書）

出会いがあっても、そして、付き合いが始まっても、また結婚しても、関係を育む努力をしなければ、関係は続きません。

愛は能力の問題であって、さらには技術であるとフロムは考えます。そして、技術だとすれば、知識と努力が必要だといっているのです。その意味で愛は落ちるものではなく、築き上げるものです。

誰かを愛していても技術がなければその愛は無力です。他方、愛がない技術は危険なものになります。

嫉妬については後でも見ますが、嫉妬する人にはもはや愛はありません。哲学者の三木清が「術策的」(『人生論ノート』)というような技術は、愛を成就させることはありません。自分にだけ相手の注意を向けるために策を弄《ろう》するような人は、相手の関心が自分以外に向くと嫉妬したり、怒ったり、憎んだりすることになります。しかし、そのような「術策」は、愛をその本来のあり方とは程遠いものにさせることになります。

たとえ相手を狂おしいほど愛していても、愛し方を知らないために、喧嘩が絶えず、相手に憎しみを抱くようにまでなれば、恋愛はただただ苦しいものとなって、人は幸福になることはできません。

アドラーも「愛はある心理学者たちが考えているように純粋に自然的な機能ではない」といっています(『人生の意味の心理学』)。愛はどのように自然欲求的な衝動を満たすかということ以上のものです。アドラーは、この衝動という言葉を「性衝動」を念頭に置いて使っています。

ただ衝動を満たせばいいというのであれば、愛はたやすいですが、社会的な必要に従って、人間はそれを抑えてきたのです。衝動を抑えるという言い方をしますが、これとて本当にそうなのかは考えなければなりません。これについては後に考えますが、さしあたって、愛は技術であるという、すぐにはそれがどういうことなのか理解できないかもしれない見方があることをここで知ってほしいです。そして、恋愛がうまくいかないとすれば、この技術を知らないからかもしれないということも。

ところで、この愛の技術ですが、決して小手先のテクニックではありません。若い人はマニュアルがなければ恋愛ができないと聞いたことがありますが、そのようなマニュアルに書いてあるような技術のことではありません。マニュアルに書いてあることをそのまま実行しようとしても、うまくはいきません。好きになるのは誰でもいいわけではありません。他ならぬこの人を好きになるのですから、一般的な恋愛の技術が書いてある本を読んでも、また、応用問題の答えを覚え込むように恋愛の様々の事例を読んでも、自分の場合には当てはまりません。

形から入ることが必要なことはありますが、なぜそうするのかという技術の根底にあることを理解していなければ、マニュアルに書いてないことが起こった時に、たちまちパニックになってしまいます。

ライフスタイルを変える勇気を持つ

フロムは、愛は自然なものではなく技術であるといいますが、アドラーは、愛を「ライフスタイル」の観点から見ます。

相手が変わっても同じような失敗をするのは、誰と恋愛するかではなく、自分のライフスタイルに問題があるからです。

ライフスタイルというのは、自分や他人、世界についての信念体系のことです。何か問題が生じた時に、「自分には能力があるから解決することができる」と考えるか、「自分には能力がないから解決できない」と考えるか。普段、自分以外の人間のことを「隙あらば自分を陥れようとする怖い人だ」と見ているか、「必要があれば自分を援助してくれる人だ」と見ているか。こういった思考の癖、世界の見方のことをアドラーはライフスタイルと呼びました。

これは普通には性格といわれるものであり、それとほぼ同義です。しかし、性格という言葉を使うと、生まれつきのもので変えにくいと思われるので、その言葉から連想されるようなものとは違うことを示すために、ライフスタイルという言葉をそのまま使います。

このライフスタイルは生まれつきのものではなく、自分で選んだものです。なぜこのようなことをいえるかというと、同じ親から生まれ、ほぼ同じ生育環境で育ったきょうだいの性格が同じにはならないからです。このことは子どもがライフスタイルを自分で選んだからだとしか説明できません。

自分で選んだのですから、その気になれば、ライフスタイルは、今この瞬間に変えることができます。しかし、なぜそうしないのかといえば、新しいライフスタイルを選ぶと、次の瞬間、何が起こるか予想できなくなるからです。

例えば、自分のことをよく知っている人が向こうから歩いてきたとします。知らない人ではありません。それどころか、その人にはかねてから好意を持っていて、いつか二人きりになれたら告白しようと思っていた人です。今、声をかけなければ、二度とこんな機会はないかもしれません。そう思うと、その人が近づくにつれて緊張が高まっていきます。ところが、その人はすれ違いざまに目を逸《そ》らしました。自信がない人であれば、相手が目を逸らしたのを見ると、避けられたとか嫌われていると思うことでしょう。

こんなふうに思ってしまうことにはわけがあります。できれば自分の思いを伝え、お付き合いをしたいと思っていても、相手が自分の思いを受け入れてくれることなど到底ありえない、たとえ付き合えるようになってもよい関係を築けるか自信がないので、相手が自分を拒絶したという解釈をするのです。そのように解釈をして諦めれば、それ以上相手との関係が進展することはありません。それはつらいことではありますが、その人との関係が始まってから、うまくいかなくなり傷つくよりははるかにいいのです。

しかし、嫌われたとか、拒絶されたというのは、あくまで一つの解釈でしかありません。今の例で起こったことは、次のように解釈することもできます。

「きっと、あの人は私に好意を持っているから、私と目を合わすのが恥ずかしかったのだ」

このように考えたら、次はその人にどうアプローチするかを考えなければなりません。しかし、これまでは先ほどのような、仮定の世界を生きるライフスタイルでしか生きてこなかったので、どうしたらいいのかわかりません。

ライフスタイルは変えられないのではなく、「変えたくない」というのが本当です。ライフスタイルを変え、起こったことについて、今までとは違う見方をすれば次の一歩へ踏み出すことができますが、それはつまり未知の世界に踏み出すということです。それを恐れて、ライフスタイルを変えたくない、変えないでおこうと思うのです。

しかし、もし今のライフスタイルが恋愛を不幸なものにしているのであれば、ライフスタイルを変える勇気を持たなければなりません。

ライフスタイルを変えるためには、まず、ライフスタイルを変えないでおこうという不断の決心を止める必要があります。

しかし、それだけでは十分ではありません。ライフスタイルを変えるためには、どんなライフスタイルに変えるのかというイメージをはっきりと持つことが必要です。どう変わればいいのかはこれから少しずつ見ていきますが、まずは恋愛がうまくいかないこととライフスタイルがどう関係するのかをより詳しく見ましょう。

早期回想からライフスタイルを描く

過去に起こった何らかの出来事によって大きな影響を受けることはありますが、それはあくまでもライフスタイルに影響を与えるだけで、何かを経験したからといって必ずこうなるというわけではありません。

そういうわけで、カウンセリングでは過去のことをたずねることはあまりないのですが、今のライフスタイルを知るために、早期回想をたずねることがあります。

早期回想というのは生まれてから現在に至るまでの中での最初の記憶のことです。厳密に最初の記憶である必要はありません。実際、どれが最初の記憶かはわかりません。ふと思いついたことであれば何でもいいのです。

ただし、「よく～していた」というような記憶ではなく、ある日ある時の一度きりのエピソードである方が望ましいです。

アドラーが引いている「いつも最後の最後になって、人生の課題の解決から逃れている」三十歳の男性の次のような早期回想を例として見てみましょう（『個人心理学講義』）。人生の課題とは、先に見たような仕事、交友、恋愛における対人関係のことです。

この男性は恋愛をし、結婚したいと思っていますが、強い劣等感を抱いているために異性に近づくのをためらっていました。彼のいう劣等感というのは、内気で、話す時に顔が赤くなるということでした。この内気さえ克服できたら、よく話せるようになるだろうと考えていました。しかし、今は、話す時に顔が赤らむので人によい印象を与えることができず、そのため、ますます話すことが嫌いになったというのです。それゆえ、外出したがらず、外出したとしても人が集まるところでは何も話さず黙ってしまい、いつも緊張していました。

しかし実際には、彼は「強い劣等感」があったので、恋愛にも結婚にも立ち向かえなかったのではありません。むしろ、彼は強い劣等感があることを理由にして、愛の課題を避けていたのです。内気であること、緊張すること、また顔が赤らむことを恋愛がうまくいかないことの理由にする人は女性にも多くいます。しかし、これらは恋愛がうまくいかないことの理由ではありません。初対面の時に女性がまったく緊張せず、論理的にきちんと自分の考えを語れば大抵の男性は敬遠してしまうでしょう。むしろ、緊張し、顔を赤らめ、うまく話せない女性に好感を持つ男性は多いように思います。

内気であり、緊張し、顔が赤らむから恋愛がうまくいかないという論理はただちに破綻《はたん》するはずですが、このようなことをいう人は、恋愛をこれらのことを理由に避けようとしているわけです。

恋愛がうまくいかないとすれば、これらのこととはまったく関係はなく、ただライフスタイルの問題なのであり、たとえ訓練するなどして内気であること、顔が赤らむことを克服しても、ライフスタイルを変えなければ恋愛はうまくはいきません。

アドラーがその男性に早期回想についてたずねると、彼は母親と弟と一緒に買い物に行った時のことを思い出しました。

「ある日、母親が私と弟を市場に連れて行ってくれた」

これだけでも、次にどんな話になるか予測することができます。回想の中に親が出てくると、親の愛情をたっぷり受けて育った人であることがわかります。そのような人が語る回想はよい思い出か、もしくはよくない思い出のどちらかです。

回想の中に弟が登場しているので、おそらく、後の方の話になりそうです。母親と弟のことを思い出したということから、母親の愛情をめぐって弟と競ったのであろうことがわかります。そして、おそらくは、それまで自分に向けられていた母親の愛情を弟に奪われたという話になることが予想されます。

「その日、突然、雨が降りだした」

子どもの人生にはいつも何か事件が、そして、それはいつも「突然」起こります。

「母は、最初、私を抱いたが……」

母親は雨が降ることを予想していたのかもしれません。母親が子どもを抱いたのは濡れないようにするためでした。最初、母親は兄を抱きかかえました。ところが、

「ふと弟を見ると、私を降ろして弟を抱き上げた」

これは男性にとって悲劇です。「あなたはお兄さんなんだから、我慢しなさい」というようなことを、普段からもいわれていたかもしれません。

「悲劇」という言葉を使いましたが、アドラーも、この男性がライフスタイルを選び取った時に、「ある悲劇」が起こったのだろうと推測しました。母親が自分を降ろし弟を抱き上げたということは、この男性にとってたしかに悲劇といえます。

その悲劇が「正常な他者への関心」を失わせ、「人生は大きな困難であり、いつも困難な状況に直面するよりは、そもそも何もしない方がいいのだという印象を与えたのがわかる」とアドラーはいっています。

「正常な他者への関心」というのが一体どういうことなのかは、これから少しずつ見ていきますが、これが、なぜ恋愛や結婚において同じ失敗を繰り返すのかという問題を考える際の重要な鍵となる考えであることを頭の片隅に置いておいてください。

注意しておくべきことは、今見たような悲劇は、決して特殊なものではなく、きょうだい関係をめぐるよくある出来事ですが、同じ経験をしたからといって、誰もがそれによってこの男性のようになるわけではないという点です。

話を男性の早期回想に戻すならば、アドラーは「この回想から、彼のライフスタイルを描くことができる」といっています。彼は「いつも、他の人が自分よりも愛されることになるのではないか」と見張るライフスタイルを選択しているのです。最初は自分が母親に抱かれていたのに、隣に弟がいることに気づいた母親が、自分を降ろして弟を抱き上げた、それと同じような悲劇が再び起こることを恐れているのです。

今は愛されていても、いつか愛されなくなるのではないかと恐れている人は、相手の自分に向けられていた関心が薄まり、他の人に移ったのではないかと思い、そのことを裏付けるどんな証拠をも見落とすまいと思います。困ったことに、そのような証拠はすぐに見つかります。

そこで、このような疑い深い人は、あらゆる人から離れ、完全に孤立し、他の人には何の関心も持たず、関係を持つことなく生きたいと思います。しかし、たとえそうしたいと思ってみても、実際には一人で生きることはできません。他の人と関わることを望まないとしても、他の人の援助を何も受けないで生きることはできないのです。

なぜこの人が雨の日のことを思い出したかといえば、今も人を変えて同じことをしているからです。つまり、今も疑心暗鬼で、誰か自分に好意を持っている人が現れても、その人がいつか自分から離れていくのではないかと「今」思っているのです。子どもの頃に、この回想の中で語られたようなことがあったから、今、自分が愛されなくなるのではないかと恐れているのではありません。「今」の自分がそのように疑心暗鬼になっているから、過去のこのような経験を思い出したのです。

ですから、もしもこの人が今、そのような疑いや恐れを持たなくなれば、この回想は忘れられるでしょう。

困難な恋に走る人

付き合ったり結婚するには難しい人を選ぶ人がいます。既に結婚している人や、年齢が非常に離れている人を好きになるような人のことです。もちろん、誰とどのような恋愛をしても、そのことがダメだというようなことはいえません。アドラーは次のようにいっています。

「既婚男性との結びつきは、それ自体としては、最初から独断的に非難することはできない。誰もこのような愛がいい結果になるのか、そうでないのか確かなことをいうことはできないからである」(『人はなぜ神経症になるのか』)

仮に既婚者のことを好きになったとしても、必ずしもその恋愛が不幸をもたらすとは限りません。しかし、そういった「付き合うことが困難な相手」を、あえて選んでしまうような人がいます。そのような人は、一度立ち止まって考え直す必要があります。なぜそういった、困難な相手を選んでしまうのでしょうか。

それは、相手が既婚者であったりするような場合、そのような人を選べば、たとえ関係がうまくいかなくなっても、それを相手のせいにすることができることを知っているからです。

アドラーは「競争することを性格の特徴とし、優越性を目標としている」女性の事例を引いています(前傾書)。

姉が結婚したことで、姉に対する優越感を脅かされたその女性は、自分も結婚しようとしました。しかし、ただ結婚するだけでは姉との競争に勝ったことになりません。結婚する以上、姉以上に幸せにならないといけないのですが、もしも結婚がうまくいかなければ姉との競争に負けることになってしまいます。そこで彼女は、既婚男性との恋に落ちたのです。そのような人が相手であれば、たとえ関係がうまくいかなくてもその理由を相手の問題にできるので、姉との競争に負けたことにはならないからです。

誰か一人に決めることができないという人もいます。同時に二人と恋に落ちてしまうような人です。このような人に対して、アドラーは「二人を愛そうとすることは、事実上、どちらも愛していないことである」(『人生の意味の心理学』)といっています。この場合も、二人と恋に落ちたことを愛が成就しないことの理由にしたいのです。

二人を同時に愛した人は、二人のうちのどちらを選ぶか迷い悩むでしょう。そのように悩むことには目的があります。悩んでいる限り、二人のうちのどちらかに決めなくてすむからです。

つまり、悩むことの目的は決めないことです。悩むのをやめれば、すぐにどちらかの人を選ばなければなりません。悩むことは、選ばないためであり、選ぶことを先延ばしにする理由として必要なのです。

どちらのケースも、選択の責任を取らなくてもいい人を選んでいるといえます。

思うようにならない他者

このように、相手側に恋愛が成就しないわけがあるように見えることがありますが、そもそも自分でない他者は難しい条件がなくても、自分の思う通りにはならないものです。自分が好意を寄せる人に告白して、相手がそれを受け入れてくれればいいのですが、自分が相手を思うのと同じように相手が自分のことを見てくれているという保証はどこにもありません。

たとえ付き合いが始まっても、相手を自分の思う通りにコントロールすることはできません。行動についてもさることながら、当然こう思っているに違いないと相手の考えを推測してみても、付き合い続けるにつれ、自分とはまったく違ったことを考えていることがわかるようになってきます。このことに気づくことができる人はまだ関係を改善することができるともいえます。中には相手が自分とはまったく違う考え方、感じ方をしていることに気づいてもいない人もいます。

これは長年一緒に暮らしている夫婦であってもよくあることです。考え方、感じ方が違っていることがわかっていれば、お互いの考えを調整することもできるのですが、それすらできないとなると、理解してもらう努力すら無駄に思えてきます。かくて、二人の溝はいよいよ深まっていきます。

他者はコントロールできないどころか、そもそも何を考えているかを理解することもできないということに思い至った人が、関係が自分の思うようにはならない他者を避けようとすることがあっても不思議ではありません。

相手を支配しようとする人

他者はこのようにコントロールすることはできないのですが、それでも自分の思う通りに相手を動かしたいと思う人がいます。

付き合い始めた最初の頃は、互いに遠慮があったでしょうし、相手に不満があってもそれを直接ぶつけるようなことはしなかったでしょうが、長く一緒にいるうちに遠慮がなくなってしまいます。

相手の言動を何か不満に思っていても、それをいわないよりは、それを相手に伝える方がはるかに望ましいのですが、どんな言い方をしてもいいわけではありませんし、次に見るように感情的になっていい理由はありません。

自分の思う通りに相手が動かないと、怒りの感情でもって相手にいうことを聞かせようとする人がいます。アドラーは「怒りは人と人を離す感情である」（『性格の心理学』）といっています。怒りによって二人の関係が遠くなれば、いよいよ相手は自分の考えを受け入れようとはしないでしょうし、仮にいうことを聞いてもらえたと思っても、相手は心からそうするわけではありません。

泣くことも怒りと同じ目的があって創り出されます。アドラーは次のようにいっています。

「泣くという武器を使って他の人をほろりとさせることに成功する。水の力！」（『教育困難な子どもたち』）

「水の力」というのは「涙の力」といってもいいでしょう。ここぞという時に泣かれて困ったという人も多いかもしれません。

泣く人は子どもの時からそうしていたのでしょう。泣けば自分の思う通りになるという経験を重ねてきた人は大人になってからも同じことをするのです。

「泣き虫の子どもは、大人になれば、そのままうつ病患者になる」（『人生の意味の心理学』）ともアドラーはいっています。これはいささか言い過ぎに聞こえるかもしれませんが、「涙と不平は、協力をかき乱し、他者を従属させるための極度に効果的な武器である」とアドラーがいうのはよくわかります。

「泣く子と地頭には勝てぬ」という諺《ことわざ》がありますが、怒りや涙でまわりの人を支配しようとする人がいるのはよくわかるでしょう。泣くことは、あなたが私をこれほどまでに悲しませたという非難であったり、こんなに悲しんでいるのだから、これ以上責めないでという意思表明だったりします。

アドラーは、神経症についても、神経症は臆病な人の武器、弱い人がもっとも多用する武器だといっています（『人はなぜ神経症になるのか』）。それによって他者を支配することができるのです。

不安を訴える人をまわりの人は放っておくことはできないので、神経症の人は注目を自分だけに向けることに成功します。洗浄強迫の人は、その症状をセックスを避けるための理由に使うことがあります。パートナーとの結びつきはそれによって避けられ、相手よりも優位に立つことができます。

相手を支配するために、最初から何らかの意味で自分よりも弱いパートナーを探す人もいます。そのような人は、自分よりも学歴が高い人や頭のいい人をパートナーに選びません。

その意味で、見たところ関係がよいように見えるカップルでも、カップルのうちどちらかが相手より優位に立つために相手をいつも教育したいと思っていたり、相手をいつも批判したりするせいで、関係がうまくいかなくなることがあります。

自分は本当に優れているという自信がないために、相手より優位に立とうとするのです。

なぜ攻撃的になるのか

相手をもっと直接的に支配しようとする人もいます。自分が期待するように動かない人に対して攻撃的になるような人です。もっとも、このような人も最初から攻撃的なわけではありません。

攻撃的になる人も、泣く人と同じで、注目を自分に向け、注目の中心にいたいと思っています。

そのため、最初は賞賛を得ようとします。ほめてほしいのです。しかし、賞賛されたいと思う人は、自分がしたことに相手が気づかないことには耐えられません。

例えば、好きな人のためにお弁当を作ることをある日思いつきます。「あなたはいつも忙しくて昼食をゆっくり摂る時間もないようなので、早起きをしてお弁当を作ってきた」。そういって彼に朝、弁当を渡します。

ところが、夕方お弁当箱を回収しにいったら、よほど忙しかったのでしょう、まったく手つかずだったとしたらどうでしょう。彼は忙しかったのだと思うのと、私がせっかく作ったのに残念だと思うのとでは受け止め方に大きな違いがあります。

そして、後者のような受け止め方をしてしまった場合、攻撃的になってしまうのです。

メールの返信がこない

自分に注目を集める方法はお弁当を作るだけではありません。頻繁に電話をしたり、メールを送ったりすることなども、自分に注目を集めるための方法だといえるでしょう。

連絡をもらえることは嬉しいですが、それでも仕事が忙しい時など、メールも電話も煩わしく感じることがあります。

「今は電話に出られないから後で」といえる人であればいいのですが、いつまでも電話を切れないような人であれば、そのようなことが続くと、次第に電話で話すことが億劫《おっくう》になり、電話があっても出なかったり、メールの返事もすぐには書かなくなったりします。

本当に手が離せず、電話に出ることもメールを返すこともできないこともあります。

病気の親の看病をしている女性がいました。夜は親が寝るまでにしなければならないことがたくさんあります。ところが、そんな最中に彼から電話がかかってくるのです。「今は手が離せないから」といっても、彼は一向に電話を切ろうとしません。それどころか、とうとうある日彼はこんな言葉を発しました。

「僕たち、付き合ってるんだろう？」

彼からすれば、家族は関係ないといいたいでしょうし、彼には彼なりにこの時間しか電話ができないなどの理由があったのかもしれません。しかし、相手の家族事情も考えられない人では、今後結婚することを考え始めた時に、家族のことが問題になってしまうでしょう。

自分が思っているほど相手が自分のために時間を割いてくれないことや、メールの返事をなかなかくれないことを不満に思って別れることを決める人もいますが、そうしたことに納得できず、攻撃的になる人もいます。

忙しさのあまりに、彼女への連絡ができずにいた男性がいました。彼はある日、自宅の電話にメッセージが録音されていることに気づきます。

「あなたがいるのはわかっているのよ」

怒りの感情が起きた時点で、二人の間には愛はないのです。それなのに、もはや二人の間には付き合い始めた頃のような愛がないことにうすうす気づいていても、相手に強く迫れば、その頃のような関係に戻れると勘違いしてしまっているのです。

彼がうんざりしていることに彼女は気づきません。彼の方にもいいたいことがあります。「忙しかったんだ。家に帰った時、休みたかったんだ。それなのに、頻繁にメールや電話があり、一々答えていれば身が持たない」といったようなことをいい、自分の取った行動が正当なものであったことを訴えます。二人は権力争いをしているのです。たとえ感情的にならなくても、どちらかが自分が正しいと主張し始めた時、権力争いに入っているのです。

この段階に入った争いを解決する方法は一つしかありません。それが何かは後の章で見ます。

さて、彼は忙しかったのですが、何とか時間を調整し、ある日、彼女と会いました。ところが、久しぶりに会ったというのに、彼女はそれを喜ばず、様子がどことなくおかしいのです。そこで、どうしたのかとたずねてみると、思いがけない答えが返ってきました。

「あなたはいつも忙しく、私とは少しも会ってくれないので、先週の土曜日にあなたのお友だちのA君と会って、彼と寝てしまった」

彼は彼女の言葉を聞き、腹が立つというよりは、どうしてそんなことをするのだ、と嫌な気持ちになります。彼女は復讐しようとしているのです。

愛は強制できない

愛は強制することはできません。そのようなことができると考えている人は、「愛されることが何より重要だ」と考えています。それは大きな間違いなのですが、このことの問題については後で見ます。

ここでは、愛されたいと望むにしても、それを相手に強制することはできないということを指摘しておきます。自分が相手を愛することはできますが、相手が自分を愛するかどうかは相手が決めることであり、自分には決定権がないのです。

愛されたいと思うことが間違いだとはいいませんが、愛されたいのであれば、愛される努力は必要です。

人に強制できないことが二つあります。尊敬と愛です。「私を尊敬しなさい」「私を愛しなさい」といってみたところで、相手が自分を尊敬し、愛してくれるとは限りません。実際に口にしないとしても、強制できると思っている人が尊敬され、愛されることはないでしょう。相手の気持ちを強制的に自分に向けることができると思う人は、自分の思いを受け入れない人に対して攻撃的になったり、ストーカーとまではいかなくても、頻繁に電話をかけたりして相手につきまとったりします。

しかし、そのような行動は、かえって相手の心を遠ざけることになります。少しでも冷静に考えれば、このような結果になることはわかるはずですが、好きな人に夢中になる人は自分がしていることが見えなくなるのです。

このような行為をする人は、自分が嫌われているとわかっても、そのことを認めたくないのでしょう。認めてしまうとプライドが傷つくことになるからです。そのような人は、もはや相手に好かれることは断念し、相手に嫌な思いをさせようと思って、攻撃的になったり、復讐的になったりするのです。そのようになるのは、相手に問題があると思いたいからなのです。

いずれも相手に愛されたいという屈折した承認欲求ですが、当然これらは承認されるための適切な方法ではありません。愛されたい、承認されたいと考えるのが当然のことなのかはまた別問題なので、後にこのことについては考えます。

嫉妬は悪魔の属性である

愛を強制しようとする人、相手を支配しようとする人は、実のところ、自信がないのです。これらと同じく、自信がない人は「嫉妬」します。

哲学者の三木清は、嫉妬は「悪魔に相応《ふさわ》しい属性」だといい、また次のようにもいっています。

「どのような情念でも、天真爛漫に現れる場合、つねに或る美しさをもっている。しかるに嫉妬には天真爛漫ということがない」(『人生論ノート』)

愛は純粋でありうるのに対して、嫉妬は常に陰険である、と三木はいいます。愛は純粋であるといっていないことに注目したいです。愛も純粋で「あり得る」のであって、愛がそのままですべてが純粋であるというわけではないのです。

他方、嫉妬は「常に」陰険です。三木は他の情念については、いいところも指摘するのに、嫉妬については否定的な言い方しかしません。

愛と嫉妬に共通するのは、どんな情念よりも「術策的」で「遥かに持続的な点」です。愛とて、持続し術策が入れば、決して純粋なものであることはできません。持続しない情念は人を苦しめないでしょうが、持続する愛と嫉妬は人を苦しめることになります。

さらに、三木は「烈《はげ》しく想像力を働かせる」ことも、愛と嫉妬に共通する特徴だといっています。厄介なのは、相手が自分を愛してくれていることを想像するのではなく、自分を愛していないのではないかと想像し、それを裏付ける証拠を想像することです。三木は、嫉妬が想像力を働かせるのは、そこに混入する「何等かの愛に依って」であり、そもそも愛がなければ嫉妬の感情は湧かないといいます。しかし、私は愛と嫉妬とは別物であると考えています。想像力を働かせるのは嫉妬する人だけがすることです。愛している人は嫉妬などしません。

嫉妬されることが自分が愛されていることの証だと考え、嫉妬されることを願う人がいます。嫉妬されないようでは自分は関心を持たれていないと考えるのです。

しかし、このような人は本当のところは、相手に嫉妬はするが、自分は嫉妬されたくないと考えています。嫉妬されないと愛された気がしないといえば、自分が相手を嫉妬することを正当化できると考えているから、このようなことをいうのです。

相手の行動を監視することは、関係を窮屈なものにこそすれ、よくはしません。絶え間なく監視されていることを喜びに感じられるはずはありません。嫉妬は「出歩いて、家を守らない」「つねに多忙である」と三木はいいます。これは、嫉妬する人は嫉妬するネタを探し回り、決して落ち着くことはないということです。

本当は愛されていても、自信がなければ、愛されていないのではないか、いつかライバルが現れるのではないかという不安に駆られることになります。これは劣等感であり、相手を引き止められないと恐れている人が創り出す感情なのです。

しかし、相手を引き止めたいと思ったところで、相手は自分の所有物ではありません。アドラーは、嫉妬は他者を所有物として扱う時に生じるといっています（*Adler Speaks*）。たとえ、物のように相手を自分のもとに引き留めることができたとしても、相手の気持ちまで引き止めることはできませんし、相手の気持ちは所有することはできません。

嫉妬する人は愛されていない証拠を不断に探し出そうとします。そうすると、どんなことも愛されていないことの証拠に見えてきます。想像力は掻き立てられ、愛されていない証拠を探すことに心を忙しくすることになります。

アドラーは嫉妬について次のようにもいっています。

「嫉妬は様々な形で現れる。それは不信感、こっそりとうたがってかかるという特徴、軽視されているのではないか、と絶えず恐れることに見られる」（『性格の心理学』）

不信感については説明しました。相手を信じられない人は相手を見張るわけです。軽視されていると怖れるというのも、つまりは自信がないということです。嫉妬の感情は自分が愛している人ではなく、その人に愛を寄せる人、あるいは、その人が愛している（と思える）ライバルに対しても向かいます。その人が、例えば、自分よりも美しいとか、若いという時、嫉妬の感情が起きるのです。これも、自信のなさ故に生じている感情です。愛はもとより勝ち負けの問題ではありませんが、自信がある人であれば、嫉妬することはないでしょう。

他方、相手が何らかの意味で自分よりも圧倒的に優れていると思い、到底かなわないと思えば、嫉妬することもないでしょう。相手は自分よりも優れているけれども、自分もまたその人のようになりうると思った時、嫉妬の感情は起こります。ですから、相手が自分よりも圧倒的に優位であれば、嫉妬することはないのです。

花に水を与えるように

相手を支配しようとする人、嫉妬する人には、自信がないことの他にも共通する特徴があります。それは、自分にしか関心がないということです。

ある若い男性が婚約者である美しい女性とダンスパーティで踊っていました。踊っている最中、男は眼鏡を落としてしまいました。彼は落とした眼鏡を拾い上げるために、彼女を突き倒しそうになりました。驚いた友人の一人が「どうしたんだ」とたずねると、彼はこう答えました。「彼女に眼鏡を割られたくはなかったんだ」と。

この男性が自分にしか関心がないことは明らかです。この話を紹介しているアドラーは、この若者が結婚には準備されていないことがわかるだろうといっています（『個人心理学講義』）。

また、アドラーは「適当な言い訳もなく、デートに遅れる恋人を信じてはいけない」ともいっています（前掲書）。

アドラーは、デートに遅れる恋人の行動を「ためらいの態度」だといっています。例えば、会った時に相手にどう思われるだろうか、服装や化粧のことをどう思われるだろうか、デートをしている時に相手から嫌われないだろうか、等々。以上のようなことを考えてためらってしまうせいで、デートに遅刻してしまうのだとアドラーは考えたのです。しかし、私は違うと思います。デートに遅れるのは、そのようなためらいがあるからではありません。

デートに遅れるのは、デートに遅れることを何とも思っていないからです。そのような人は、自分にしか関心がないのであり、相手には関心がないといわなければなりません。本当に相手のことを考えていれば、「適当な言い訳もなく」デートに遅れるはずはありません。

フロムは、次のようにいっています。

「もしある女性が花を好きだといっても、彼女が花に水をやることを忘れるのを見てしまったら、私たちは花にたいする彼女の『愛』を信じることはできないだろう。愛とは、愛する者の生命と成長を積極的に気にかけることである。この積極的な配慮のないところに愛はない」（『愛するということ』）

花を愛しているという人が、花に水をやるのを忘れていたら、それを見た人はその配慮のなさに「本当に花を愛しているのだろうか」と疑問を持つに違いありません。同じように、いくら口では「私は恋人のことを愛している」といっていても、その人が自分のことばかり考えていて、恋人に対して何も配慮をしないのであれば、その人が恋人を愛しているとは到底信じられないでしょう。

あなたの何が問題なのか

ここまで、様々な恋愛がうまくいかない事例を見てきました。誰かとのすてきな出会いがあって、その人と恋に落ちることを夢見る人は、恋愛の厳しさ、困難さに目が眩《くら》むような思いがするかもしれません。好きな人には振り向いてもらえず、誰かと付き合い始めてもよい関係を築いていくことは容易ではありません。

そのような現実に直面することを恐れる人は、恋愛をすることをためらい、何か問題があった時、相手のせいにしたいと思うかもしれません。しかしこれはあなたのライフスタイルの問題なので、出会いさえあれば恋愛がうまくいくわけではありませんし、相手が誰かということも大きな問題にはなりません。恋愛がうまくいかないことを恐れる人は自信を持とうとしません。また、関心が自分にしか向いていません。自分や恋愛しようとする人、またその人との関係のあり方について根本的に考えを変えなければ、相手が変わっても同じことを繰り返すことになるでしょう。

第2章

結婚と子育ての困難について

結婚は不幸の始まりかもしれない

すべての恋愛が結婚につながるわけではありませんが、それでも結婚することをまったく考えないで付き合う人も少ないのではないかと思います。結婚しないと決めていても、そう考える時点で結婚のことを意識しているのです。

本章では、結婚し、さらにはその後、子どもが生まれたらそのことが二人の関係にどのような影響を及ぼすことになるのかを見ていきましょう。

高校生になったばかりの頃、担任の先生が突然、結婚に繋がらない恋愛はないという話を始め驚いたことがありました。どういう文脈でそういう話になったかは今となっては思い出せないのですが、その後も長く先生の言葉の意味を考えなければなりませんでした。

恋愛のゴールは必ずしも結婚ではありません。多くの小説や映画、テレビドラマは、愛する二人が結婚するところで終わりますが、結婚は二人の新しい関係の始まりであって、ゴールではありません。むしろ、結婚はハッピーエンドどころか、不幸の始まりかもしれません。結婚に至る過程が大切であるように、結婚してから二人の関係を育んでいくこともそれと同じくらい大切で難しいのです。

結婚しても必ず幸福になれるわけではないということは、結婚した多くの人が経験し、実感していることです。愛を育む努力をしなければ、二人の関係はたちまち終わることになります。

アドラーは次のようにいっています。

「愛と結婚を理想的な状態、あるいは、物語のハッピーエンドと見なすのは間違いである。彼〔女〕らの関係の可能性が始まるのは、二人が結婚した時である」（『人生の意味の心理学』）

結婚した時点では二人の関係は「可能性」でしかありません。結婚したばかりの二人は、いわば大理石か青銅です。それを使って何を彫るかを考え、実際に彫らなければ彫像は完成しません。結婚を幸福なものにするか、それとも不幸なものにするかは、結婚後の二人の努力にかかっているのです。

街を歩くカップルを見れば、二人が結婚しているかそうでないかがわかるといった人がいました。結婚している二人は幸せそうには見えないからだというのです。男性が偉ぶっていることもありますし、女性が男性に買い物袋を押し付けて闊歩《かっぽ》していることもあります。

相手が結婚後、変身するのを見て、罠にはめられたかのように感じ、驚いたり、反発したりするかもしれませんが、それはその人が結婚前にはその兆候に気がついていなかっただけです。

恋愛の場合は、いつでも別れられるようにと二人の関係を蝶々結びにしておくことができます。それでも、いつのまにか絡まって簡単には解けなくなってしまうことがあります。

結婚した二人は長く、できるものなら生涯共に暮らしたいと一大決心をして結婚に踏み切ったので、関係がこじれても、付き合っていた時のようには簡単に別れることはできません。

結婚は、イベントではなく生活（ライフ）です。旅行であれば、上げ膳据え膳ですから、自分たちで何もしなくてもじっとしていたら食事が出てきますし、食事の後に食器を洗う必要もありません。

ところが、結婚してからは、二人が協力しなければ、食事をすることはできませんし、後片付けもしなければなりません。これがイベントと生活との違いです。

イベントでない生活を二人が生き始めると、いつも自分のいいところばかり見せることはできません。同じように、相手のいいところばかりを見るわけにもいきません。親や親戚とも付き合わなければなりません。

結婚の未来は予測できない

このようなことを予想して、結婚をためらう人がいます。結婚すれば必ず幸せになれるというのであれば、結婚をためらうことはないでしょう。しかし、実際には結婚しても幸せになれないかもしれません。

そこで、結婚してから何が起こるか予測がつかない故に、結婚を恐れている人は多いように思います。アドラーは、結婚について次のようにいっています。

「結婚の未来を、落ちて行く石の道筋を計算できるのと同じように予見することはできない。石は真理の世界にあり、他方、われわれは人間的な誤りの世界の領域に住んでいるのである」(『人はなぜ神経症になるのか』)

落ちて行く石であれば、どんな道筋で落ちて行くかを計算して予見できますが、結婚した後、二人の生活がどうなるかはわかりません。石が落ちる時には必ず物理法則に従いますが、自由意志がある人間は行動を選択できるのであり、その際、誤った選択をすることもあるからです。

そのため、いつまで経っても二人の関係が、付き合い始めたり、結婚したりした当時とまったく同じままであるということはありえません。ここでいう同じままであることがないというのは、必ずしも二人の関係が悪くなるという意味ではありません。時を経るにつれて、関係がよくなることも当然あります。

とにかく、時が経ち、二人を取り巻く状況が変わっていく中で、二人の気持ちが変わらないということはありえません。もちろん、大枠では「二人の気持ちは少しも変わらない」といえるでしょう。何か問題が生じてもお互いを愛する気持ちは根本的な部分では変わらないと信頼しあっているからこそ、結婚することができるともいえます。しかし、「気持ちが同じままであるのはありえない」というのは、相手を嫌いになるという意味ではなく、一度相手に抱いた気持ちがそのままずっと続くことはないということです。むしろ、変わらない方が不思議でしょう。知り合った最初から相手への思いがまったく変わらないという人がいれば、それは相手への思いが初めからまったくなかったといっていいくらいです。

二人の関係が変化する以上、結婚した後の未来を予測することは不可能なのです。

予測できないからこそ結婚には価値がある

「結婚したら幸せになれる」といいますが、これは信念でしかありません。例えば、「今日は雨が降っている」は知識です。他方、「明日は雨が降るだろう」は、「明日は雨が降るだろうと信じる（思う）」という意味なので信念であるといえます。結婚したらどうなるかもこれと同じように信念なので、石の落下する道筋を予測するように予測することはできません。

仮に未来のことがすべて決まっていて、これから起こるすべてのことを予見できるとしたらどうなるでしょうか。明日になっても予想もしなかったことが起こることはありません。あらゆることはすべて想定内のことです。未知なるものが発見されることもありません。すべてのことを知っているからです。そうであれば、科学は終わることになります。

これは科学だけでなく、対人関係についてもいえることです。最近知り合ったばかりの人であれば当然、たとえ古くからの友人であっても、ふとした時に相手について知らないことを発見したり、相手が予想もつかない行動をとったりすることがあります。しかし、だからこそ人と一緒にいるのは楽しいのであって、あらゆることが予見されるようでは面白くないでしょう。

アドラーは、もしもすべてのことが予測できるようであれば「われわれのまわりの宇宙は二度話された物語にすぎなくなるだろう」といっています（『人生の意味の心理学』）。知らないことがあるからこそ、それを知るべく努力をするのであり、予見できないことが起こるからこそ、時にあまりに予想外のことが起きてパニックになることがあるとしても、生きることに喜びを感じることができるのです。

愛し合う二人は結婚がゴールであってほしいと願うでしょう。しかし、結婚してから何が起こるかはわかりません。しかし、だからこそ二人は愛する努力をするのですし、愛を喜ぶことができるのです。もしも未来のすべてが決まっていれば、二人が関係をよくする努力をすることはないでしょうし、そのような人生が生きるに値するとは思えません。

未来は予測できないが、だからこそ生きる価値があるのです。これから起こることがわかっていると思っている人は、二人の関係が変わるとも当然考えません。そういう人は、たとえ二人の関係がうまくいかなくなっていてもそのことに気がつかないでしょうし、気がつかないので当然関係をよくする努力もしません。関係が変わっていることに気づかないことは、二人の関係にとって大きな問題です。

アドラーが好んだというこんな寓話があります。死の床に就いていた父親を子どもたちが取り囲んでいました。息子が前に進み出て、未来について知っていることを話してほしいといいました。
父はこういいました。
「ただ一つ確実なことは、確実なものは何一つなく、すべてのものは変化するということだ」(Hooper et al. eds., *Adler for Beginners*)

なぜ結婚に踏み切れないのか

長く付き合ってきた相手と結婚に踏み切れない人がいます。結婚しないこと自体には問題はありません。しかし、結婚をためらう理由をたずねると、そこには二人の関係のあり方についての問題が見えてきます。

一番多いのは自信がないという理由です。時々会うのであれば自分のいいところだけ相手に見せることもできないわけではありませんが、いつも一緒にいるとそんなことはできなくなります。だから、結婚をためらうというのです。

結婚後、他の人を好きになるかもしれないから結婚できないという人もいます。しかし、そんなことは結婚する前に考えることではありません。他の人を好きになるかもしれないという人に限って、自分についてはそんなことがあっても仕方がないが、相手が他の人を好きになるのは許せないと考えていることが多いのです。

結婚したら自由でなくなる。これも結婚をためらう人がよくあげる理由の一つです。付き合い始めた段階でもそう感じる人は多いようですが、このように感じる人は、そもそも恋愛や結婚についての見方に問題があるといわなければなりません。一緒に暮らせば自由ではなくなるというのは自明なことではないのです。

結婚を約束した相手から子どもができないかもしれないといわれ、結婚を迷っているという人もいました。しかしそもそも、子どもができるかどうかは誰にもわかりません。子どもができなければ、二人が結婚することに意味がないわけでもありません。

実際、結婚しても子どもができないことで苦しんでいる夫婦は存在します。しかし、そのようなカップルが苦しむのは、子どもが生まれないからではなく、子どもを産むことに固執《こしゅう》しているからではないでしょうか。

結婚したら子どもを産まなければならないからといって、結婚をためらう人もいます。また、出産によって不格好になることを恐れる人もいますし、子育ての苦労を思い、結婚をためらう人もいます。そのような人は、女だけが不利な目にあうと考えています。

たしかに現状では、子育てに男性の協力を得られないことが多いので、女性だけが不利な目にあうと考える人がいても当然ともいえます。そうであるならば、男性に協力を求めなければなりません。出産そのものを男性が代わることはできませんが、女性だけが子育てに伴う苦労を引き受けなければならない理由はないからです。私が子どもを保育園に送り迎えしていた頃と比べれば、男性は今かなり協力的に見えます。

男女のどちらかが、あるいはどちらもが、子どもを育てることを結婚をためらう理由にすることもあります。そのような人は、子どもは自分（たち）のための時間を奪うと考えるのです。さらに、生まれた子どもが自分に代わって、家庭の中で注目の中心になり、それまで自分に向けられていた注目が自分ではなく子どもに向けられることを不当だと思う人もいます。

以上あげた結婚をためらう理由とされることは、結婚しないでおこうという決心を正当化するために、結婚しないための理由を探しているというのが本当です。

親が結婚に反対してきた場合

親が結婚に反対するからと結婚に踏み切れない人もいます。例えば、定職に就いていない状態で結婚しようとした場合など、親から反対されることが少なくないでしょう。しかし、親が結婚するのではありませんから、たとえ親が結婚に反対したとしても、そのこととは関係なく二人で結婚するかどうかを決めるしかありません。

親の方も子どもの結婚に反対だからといって、子どもの人生に責任を持つことはできません。後になって、もっと強く反対しておくべきだったと親が後悔することはあるかもしれませんが、責任はすべて子どもにあるのですから、親が介入してはいけません。

子どもの側も、親が心配するのは子どもを思ってのことでしょうから、「心配してくれてありがとう」と一言いっていいとは思いますが、責任の所在をはっきりさせておかなければなりません。

自分たちの人生を生きるのですから、後になってなぜ反対してくれなかったのかと親を責めることはできません。親が勧める相手と結婚をして後にうまくいかなくなった場合でも、最終的な責任は自分にあるので、親のせいにすることはできません。

親が子どもの結婚に反対する理由は今あげたことの他にもいろいろありますが、どれも後付けでの理由でしかありません。親は子どもの結婚に反対するものだと思い込んでいるのかもしれませんし、親が自立できておらず、子どもが自分から離れていくことを恐れているだけだということもあります。

しかし、そのようなことは、親が自分で解決するしかないことなので、子どもが何とかしようと思うことはありません。親が結婚に反対して怒るとしても、その感情も親が自分で何とかするしかないのです。

たとえ結婚する時に親が反対したとしても、最終的に結婚した二人が幸福になれば、それが親孝行です。親があの時、子どもの結婚に反対しなくてよかったと思えるように、パートナーとの関係をよくする努力をすればいいのです。

また、親が反対しても次のように考えることができます。親というのは「この子は私がいなくても大丈夫だ」と思ってしまうと、急に老いてしまうものです。つまり、「この子は私がいないと駄目だ」と思っているうちは親は元気でいられるのです。親が反対する結婚をすることが親孝行になるということもありますから、親を悲しませることが親不孝だとは限らないということを知っておいていいと思います。

打算的な人は相手を犠牲にしている

ここまで、結婚をためらう様々な理由を見てきました。それぞれ事情はあるでしょうが、基本的にはどれも後付けの理由でしかありません。これらの理由があるから結婚できないのではなく、結婚をしないために、これらの理由を持ち出してきているというのが本当です。

結婚をしないための理由を持ち出してくる人は、結婚後の未来が予測できないために怖れています。ですから、このように結婚に踏み切れないでいる人が結婚しようと思う時、相手がどんな人かわかりやすい人、結婚したらどんな未来が待っているか予想できると思うような人をパートナーに選ぶことがあります。つまり、相手自身というより、年収や社会的地位というような相手の条件を見て、「安全」な人かどうかを判断するのです。親がどのような人物か、きょうだいはいるのか、などもこうした条件に含まれます。

結婚後に何が起こるかは予測できませんが、相手がきちんとした仕事をしている人、社会的な地位がある人であれば、結婚してからどんな生活になるかを予測できなくとも、少なくとも迎える困難は少なくなるだろうと考えるのです。そこで、お金を持たない人、定職に就いていない人は、初めからパートナーの候補から外されます。このような人と一緒になると、何が起こるか予測することが難しいだけでなく、予測できたとしても幸福にはなれないだろうと考えるからです。このように考える人がいう「幸福」というのは、実は「幸福」ではなく「成功」だと私は考えるのですが、今はこの問題には立ち入りません。

また、結婚相手が有名であれば、そのことで自分の価値が高まると考える人もいます。アドラーは、そのような人は「誰か他の人を犠牲にして自分の価値を誇張する」人だといっています（*Adler Speaks*）。

相手はそのことで犠牲になったという意識を持たないかもしれませんが、自分が愛されたからではなく、自分の財産や社会的地位があるから選ばれたと知れば嬉しくはないでしょう。もっとも、ありのままの自分では誰からも愛されないのではないかと思っている人が、財産や地位を利用して愛されたいと思ったり、結婚しようとしたりすることがあるのも事実ではありますが。

ともあれ、どんな形であれ、誰かが誰かを自分の欲求を達成するための手段として利用している限り、その人は相手を犠牲にしているのです。

こうした、相手を犠牲にしている関係というのは、対等な関係とはいえません。このようなことは、二人が完全に対等であるということが理解されていれば決して起こらないことです。対等な関係というのがどういう関係なのかは後に考えることにしましょう。

ライフスタイルが問題

経済的な安定や社会的な地位を、結婚の重要な条件と見なす人は多いですが、これらはライフスタイルの問題と比べれば些末な問題でしかありません。二人のライフスタイルがわかれば、これからの二人の人生がどうなるかは、ある程度は予言できるといってもいいくらいです。

これは必ずこうなるということではなく、もしも二人がこれからも今のライフスタイルを変えなければ、おそらくこうなるであろうということです。生き方について少しでも違った見方ができるようになれば、二人の関係は必ず変わっていきます。

ここでは、経済的なこと、社会的なことは結婚の大きな問題にならないことを指摘しておきます。

親は子どもに「何をしてもいいが、自分で給料を稼いでからにしろ」というようなことをいいがちです。そうなると子どもは、学校で勉強している間は親のいいなりになるしかないことになります。「一体、誰のおかげで食べさせてもらっていると思っているのだ」というようなことをいわれたら、子どもは何もいえなくなります。

同じように、結婚している二人もどちらかのパートナーが経済的に優位であることを理由に相手の生き方に制限を課してしまうと、結婚生活がうまくいかなくなるでしょう。経済的優位は決して人間としての優位を意味するわけでもないのに、養ってやるというような大きな勘違いをしている人は多いです。

パートナーはあなたの親ではない

その他にも、結婚生活に支障をきたすライフスタイルがあります。例えば、付き合っている、また結婚している二人のどちらかが甘やかされて育てられてきていた場合、最初の頃は大きな問題にならないかもしれませんが、後には困難な問題になります。とりわけ、二人が共に甘やかされた子どもであれば、結果は悲惨なものになるでしょう。

アドラーは、甘やかされた子ども同士の結婚生活についてで次のようにいっています。

「これは、どちらも与えようとしない何かを期待しながら、互いの前に立つようなものである。二人とも自分は理解されていないというふうに感じることになる」(『個人心理学講義』)

ここで「与える」というのは、どういうことでしょう。甘やかされて育った人は、甘やかされることを期待するので、相手が自分に「甘やかし」を「与えて」くれることを期待します。そしてその「甘やかし」が与えられないと、自分は相手に理解してもらえていないと考えるようになるのです。しかし、本来「与える」ということの意味は、「甘やかし」を与えることではありません。

甘やかされた子どもは、自分がほしいものすべてを手に入れたいと思います。実際、子どもの頃は手に入れることができます。泣きさえすればいいのです。ほしい物が与えられないのは不当だと、強く抗議すればいいのです。

当然ながら、やがて何でも望むものが手に入った「黄金時代」は終わります。しかし、黄金時代は終わったのに、そのことに気がつかない人もいるでしょう。そのような人は、人生は自分の思う通りになるものだと考えています。そして、望むものが手に入らなければ、生きる意味がないとまで考えます。

自力ではできないこともたしかにあります。自分の手に余ることであれば他者に援助を求めることは間違っていませんし、必要なことです。何でも自分一人でするべきだと考え、必要な時ですら人に援助を求めないことは、かえってまわりの人を困らせることになります。

しかし一方で、他者から援助されることを当然のことだと思うのも問題です。お願いすれば他の人は援助してくれるでしょうが、それはその人の好意なのであって、義務ではありません。この点を誤解して育った人は、他の人が自分の期待するように動くことを当然と思ってしまいます。

そのような人は、もしも自分の期待通りに動いてくれない人がいれば、そのような人に対して攻撃的になります。親は子どもがそのような態度を取ることを許したかもしれませんが、結婚のパートナーは親ではありません。パートナーが親のように、何でも自分の望むことをしないからといって、この人とは一緒に生きていけないと考えるのは間違いです。

付き合っている時であれば、愛を育み関係をよくする努力をしたかもしれませんが、結婚すると、長く一緒にいられるという安心感があるので、歓心を買うためにプレゼントをするというような努力をしなくなることがあります。

当然、結婚後も別の仕方で二人の関係をよくする努力をしなければなりませんが、甘やかされて育った人は、相手の変化を受け入れることができず、理解されていないと感じてしまうのです。

アドラーは、甘やかす、あるいは、甘やかされることの問題をしばしば取り上げますが、「われわれの文明では、社会も家族も、甘やかされるというプロセスを無限に続けることを望まない」「われわれの文明においては、一人の人間が、何らかの貢献をすることなく、常に注目の中心でいることは、適切なことではないと考えられているからである」といっています（『個人心理学講義』）。

しかし、アドラーが生きた時代とは違って、今の時代には、甘やかされて育った人は多く、貢献しないで注目の中心にいることが適切でない、つまり、甘やかされて生きることは適切ではないとは考えられていないように見えます。貢献しないで注目の中心にいることが適切ではないということが常識になっていれば、今日の問題の多くは回避されると思います。

役割を固定しない

アドラーは、父親に甘やかされて育った末子の女性の事例を引いています（『人はなぜ神経症になるのか』）。父親が再婚した際に、自分は父親に見捨てられたと思い、密かに父親に恨みを持つようになった彼女は、結婚しないでおこうと決心しました。

ある日、次のような夢を見ました。

「イエス・キリストが私に現れ、一緒に天国に行こうと誘いました。天国での私の仕事は他のすべての人を喜ばせることだ、とイエスはいうのです。もしもこの誘いに応じなければ、地獄に行くことになっていました」

この夢の中のイエスというのは、彼女にプロポーズをする男性のことです。彼女に天国に一緒に行こう、つまり結婚しようと誘っているのです。この誘いに応じなければ地獄に行くことになっているというのは、ずいぶんと強引ですね。

天国での仕事というのは、結婚してから彼女がすることであり、それが他のすべての人、つまりは結婚の場合は、この男性を喜ばせることだというわけです。

この夢について、アドラーは次のように解釈します。

「『他の人を喜ばせる』ということは、女性の役割を蔑視していることに相当する。彼女は女性の役割は男性を喜ばせることにすぎない、と考えているのである」

相手が一体何をして自分を喜ばせてくれるかということばかり考える人がいるとすれば、そのことは結婚生活の問題になるでしょうが、一方で、結婚とは女性が男性を喜ばせるものだと考えるとすれば、それはそれで問題でしょう。

この女性は結婚をしたくないと考えているため、結婚生活が魅力的であると思わないようにしているのです。結婚しないと決心をするためには、イエスに導かれて行く天国、つまりは結婚生活を見て、絶望しなければなりません。

「そこで私は天国に行ったのですが、そこで私はアナトール・フランスの風刺文に出てくるようなペンギンに似ている多くの天使を見ました。神様も見ました。神様は髭を剃り、薬局の広告に出てくる男の人のように見え、動き回っていました。私は大いに絶望し、立ち去りたいと思いました」

もちろん、これは結婚についてのこの女性のイメージでしかありませんが、今の時代にも結婚について彼女と同じように考えている人はいるでしょう。彼女の結婚観には、二つの問題点があります。

一つは、結婚とは相手を喜ばせることだと考えている点です。先に少し「与える」ということについて言及しました。甘やかされて育った子どものように与えられることだけを期待するのは間違いですが、「与える」ということを相手を喜ばせるという意味に考えるのも間違いです。

もう一つの問題は、男性の役割、女性の役割というふうに役割を固定して考えている点です。

外で働く夫が「私は妻に経済的に何の不自由もさせていない」と豪語するようなことがあったら、妻はそれを喜ばないでしょう。子どもの頃、親から「何をしてもいいが、自分で給料を稼げるようになってからにしろ」といわれ反発した人は多いと思います。これと同じです。

外で働くか、家事をするかは、男女で決められた役割ではなく、仕事の都合でたまたまどちらかがもっぱら外で働くか、家事をするかと決めたにすぎません。

そもそも、家事は誰かが専業でするものではありません。家事は本来家族が皆で分担するものです。昼間は外で働いていたから家事をできなかっただけで、夜に家事をしてもいいのです。

シンプルなことのはずなのに問題になるのは、家事についての社会の評価と意識が低いからです。経済的に不自由をさせてやっていないという人は、相手を一段低く見ているのです。

子どもができてからの困難

どうも、結婚についてあまり好ましくない印象を与える話が続きますね。こうした問題の解決方法については後の章で見ていくとして、最後に、結婚してしばらく時間がたってから生じる問題点について見ておきましょう。

子どもが生まれると、相手の呼び方を変える人がいます。夫のことを「お父さん」、妻のことを「お母さん」というふうに呼ぶ人のことです。しかし、これは、子どもを介して、子どもの視点から相手を「お父さん」「お母さん」と呼んでいるのですから、よく考えるまでもなくおかしいのですが、そのことに気づかない人は多いように思います。

子どもを育てるためには夫婦の協力が欠かせませんが、家庭が子どもを中心に回り始めると、そのことによる問題が起こります。

一つは、母親と子どもが緊密に結びつくために、父親が家庭の中で孤立してしまうことです。特に甘やかされて育った父親であれば、自分が注目の中心にいられなくなったことに耐えられなくなります。家庭の中で自分が注目の中心にいなければならないと考える人にとっては、子どもがライバルになってしまうのです。

子どもができるとどうしても、母親が片時も離れず子どもの世話をしなければならない時があります。そんな時に、家庭の中で孤立していると思う父親がいるのは困ったことです。

もう一つの問題は、お互いが「夫と妻」ではなく「お父さんとお母さん」になってしまうという問題です。

子どもを軸に家庭を築き、そのため互いを「お父さん」「お母さん」と呼ぶようになった二人が、やがて子どもが親元からいなくなっても、相手を同じように呼び続けるということがあります。

いわば長年の習慣になったので、子どもが自立しても同じように呼んでいるのでしょうが、これは子どもを間に置き、子どもの観点から相手を呼ぶようになったことで、二人の互いへの思いが変わってきたことをも意味しています。

長く一緒に暮らすようになると、二人の間に愛はなくなり、情だけが残るという人がいます。

ギリシアの哲学者であるアリストテレスは「哲学は驚きから始まる」といいましたが、恋愛も同じように驚きから始まります。自分とは違った考え方、感じ方があると知ることは、人生を豊かにします。そうした驚きこそが恋愛を豊かにするのです。

ところが、長く一緒に暮らすと、この驚きがなくなってしまいます。どうすればいいかは後で考えてみましょう。

第3章

人を愛するとはどういうことなのか

闇を取り除くのではなく、光を当てよう

ここまで、恋愛や結婚をする際に生じる様々な問題を取り上げてきました。これは、最初から「愛とは何か」という定義から恋愛についての考察を始めたくはなかったからです。うまくいっていない事例から入った方が、おそらくは思い当たる人が多いだろうと考えたのです。

しかし、これまで見てきた問題点をただ取り除きさえすれば、それで万事うまくいくわけではないということを最初に指摘しておきたいと思います。

二人の関係の何が問題であるかを知るためには、そもそも二人の関係がどうあるべきかということを知っている必要があります。しかし、どうあるべきかを具体的に知っているかというと、そうではありません。人を愛するということがどういうことなのか、どうすればいいかということについては、あまり知られていないように思います。

現状がどうであれ、こうありたい、こうあるべきだという方向に目を向けることは、いわば光を当てることに似ています。闇は物ではないので、それを取り除くことはできません。闇を取り除くためには、光を当てればいいのです。恋愛においても同じように、闇（問題点）を取り除こうとするのではなく、光を当てる（正しい愛し方を知る）ことこそが

必要になるのです。

そこで、本章では、先に見た恋愛や結婚における困難を踏まえ、恋愛や結婚が苦しみをもたらしたり、悲惨な結末を迎えたりすることがないように、愛するということがどういうことなのか、考えていきたいと思います。

愛は正気と熱情の合体である

先に見たように、愛は落ちるものだと考えている人はことさら「愛とは何か」という問いを立てることはありません。実際、「愛とは何か」というのは、考えてみてもすぐには答えが出るような問いではありません。しかし、答えることが難しい問いだからといって、そのような問いを立てるのと立てないのとでは大きな違いがあります。

誰かを愛する時、愛とは何かを知っていなければならないかといえば、そんなことはないでしょう。気がついたら誰かのことが頭から離れず、寝ても覚めてもその人のことを思い続けているということは、たしかによくあります。

しかし、愛がそうした自然的なものであると見ている限り、愛の感情は自分ではどうすることもできないものであるということになってしまいます。愛を自然的なものと見れば、関係がうまくいかなかった時、その責任は自分にはないことにできます。何しろ、自分ではどうすることもできなかったということができるからです。しかし、その代わりに、自分で関係を立て直すことも、よくすることもできないということになってしまいます。

一方で、愛が自然的なものではないことを知り、何が起こっているかを見る余裕さえあれば、恋愛がうまくいかなくなっても、冷静になることができます。少しでも冷静になることができれば、恋愛の苦しみを軽減することができるようになるでしょう。

しかし、そうであっても、「冷静な愛」というのは形容矛盾といわなければなりません。プラトンの『パイドロス』には、正気（ソープロシュネー）と熱情（エロース）の合体こそが、哲学的精神そのものだという話が出てきます。

「哲学（philosophia）」の語源は愛知、「知（sophia）」を「愛する（philo）」ことです。その意味で、哲学の本質は愛だといえます。その愛は正気と熱情の合体であり、また、その熱情は、狂気（マニアー）と言い換えられています。愛する人は、多かれ少なかれ正気ではないからです。

「別れの理由」はどこにでも

数週間、仕事の都合でまったく会えず、ようやく再会を果たせたのに、彼から別れてほしいといわれた、一体、なぜなのかと質問してきた学生がいました。彼とずっと会っていて、その中で何か気持ちの上で行き違いのようなことがあったのであれば、もしくは、喧嘩をしたというのであれば、彼が別れたいと思った理由を見つけることができたかもしれませんが、会っていなかったので、そのような理由がまったく思い当たらないということでした。

しかし、喧嘩をしたというようなことがあったとしても、それが、彼が別れたいと思うようになった理由かというと、そうではありません。喧嘩は別れるきっかけにはなるかもしれませんが、喧嘩をしたとしても、当然、別れずに仲直りするという可能性もありえるからです。喧嘩が決定的な別れの理由になることはありません。

喧嘩が別れる理由になることはありえませんが、喧嘩をする前から二人の関係がうまくいっていなくて、もう関係を続けることは無理だと思っていたところ、喧嘩をきっかけに別れる決心を固めたということはありえます。

別れるという決心を後押ししたり、あるいは、自分の心変わりを説明したりするためには何か理由が必要になります。理由があった方が、相手を説得するのもたやすいでしょう。理由もなく別れてほしいといっても、相手は納得しないでしょうから。何か理由があって別れるのではありません。別れるために理由を探すのです。

別れる理由を探すにあたっては、かつては相手に惹かれた理由が、今度は別れるための理由になることがあります。優しい人が、優柔不断な人に、自分をリードしてくれる頼もしい人が、支配的な人に思えてきます。几帳面できちんとしている人が、細かいことにこだわるうるさい人に思えてくることもあるでしょう。

これは、相手が変わったからではありません。この人とは一緒にやっていけないと思ったから、別れる理由を見つけるために相手が違って見えてくるのです。どんなことでも、たとえ以前は長所だと思っていたことでも短所に見え、それを別れることの理由にするのです。

恋愛に「なぜ」はない

人を愛するとはどういうことかを考える時にいきなり別れの話から始めてしまいました。これは、人を愛することに理由はないといいたかったからです。

あなたに好きな人がいたとします。「なぜその人を好きになったのか」と問われても、答えられないのではありませんか。強《し》いていえば、「この人を好きになろうと決心したから」としかいえないでしょう。

もちろん、その決心に影響を与えているように見える条件はあります。付き合ったり、結婚したりする時に好条件と見なされていること、例えば、容姿や学歴、社会的地位などです。

しかし、そういったことをまったく重視しない人もいます。容姿は加齢と共に失われていきますし、今の時代、仕事も定年までずっと変わらないということが当たり前ではなくなってきているからです。途中で仕事を辞めたくなることもあるでしょうし、会社そのものがなくなるということもめずらしいことではありません。若い人でも、病気になって仕事を続けられなくなるという可能性は十分にあります。

では、こうした条件を失ってしまったら、もはやその人のことを好きではなくなるのでしょうか。

そんなことがあっても変わらず愛せるのであれば、その愛には何の理由もなかったことになります。愛するという決心があれば、何があっても思いは変わらないでしょう。

真のパートナーになれる人に打算はない

先に、愛の関係において打算的になり、他者を犠牲にする人について見ましたが、愛の関係において真のパートナーになれる人には、その愛に何の理由もないように打算も存在しません。真のパートナーになれる人は、自分にとって利益となるかならないかでパートナーを選択することはないということです。この人は私にとって有用な人なのかと考えるのは、先に見た甘やかされた子どもの特徴といえるでしょう。

アドラーが、愛において真のパートナーになれる人は、誰か他の人を犠牲にして自分の価値を誇張する必要を感じないだろうといったことは先に見ました（*Adler Speaks*）。経済的な条件から相手を探すことも、自分の価値を高めるために誰かをパートナーとして探すこともありません。つまり、仮に社会的な地位が高く、世間から立派な人と見なされている人と付き合っても、自分もまた偉い人だと勘違いするようなことはないということです。

愛は衝動を超える

ここまで、人を愛するのに理由はなく、愛そうとする決心がすべてであるということを見てきました。しかし、愛はそのような決心とは関係なく、何か衝動的なものであると考える人もいます。愛のことを、ちょうど人が怒りを感じたり、悲しい時に涙を流したりするような自然的なものであって、抑えることなどできないものだと考えているのです。しかし、愛は自然的なものではありませんし、衝動や本能によるものでもありません。

愛に限らず、多くの行動は抑えられないものではありません。例えば、空腹だからといって、他の人の持っている食べ物を奪い取ったりはしないでしょう。むしろ、どれほど空腹であっても、必要としている人がいればその人に譲ろうと思うはずです。そのような時に譲らないような人でも、内心では譲るべきなのにそうしなかったと強く意識していると思います。

「ついカッとして怒った」という言い方は一般的ですが、怒りも自然的なものではなく、本当は「つい」ではなく、一瞬でこの状況で怒りの感情を出すかどうかを判断しているのです。

例えば、ウェイターにコーヒーで背広を汚された男性が大きな声でそのウェイターを怒鳴るという場面について考えてみましょう。コーヒーで背広が汚れたことと、大きな声を出したこととの間にはいかにも因果関係があるように見えますが、もしもコーヒーを溢《こぼ》したのが美人のウェイトレスだったとしたら、男性は怒るどころかにこやかに「大丈夫」というかもしれません。男性は怒るかどうかを判断してから怒っているのです。怒りの感情も、決して自然的なものではないのです。

愛の場合も同じです。先に見たように、愛には狂気（マニアー）といってよい、非合理な面もありますが、衝動が誰かを愛する思いを作り出しているわけではなく、この人を愛そうという決心が最初にあると見た方が、恋愛において起こっていることを適切に理解できるでしょう。

あの人は嫌いだけど、あなたは好き？

「あの人は嫌いだが、あなたは好き」という人がいます。他の人を愛さないことが、相手を愛していることの証明だといわんばかりです。しかしこれは、本当に愛していることの証明になるのでしょうか。

フロムは人を愛することは能力であるといいました。この能力は特定の誰かだけを対象にするものではなく、他の人を排除するわけでもありません。よい喩えではないかもしれませんが、これは自転車に乗る能力に喩えることができます。

自転車に乗る能力がある人は、どんな自転車にでも乗ることができます。もちろん、この場合も自転車の好き嫌いはありますが、どの自転車に乗るか選ぶためには、自転車に乗る能力があることを前提にしています。

愛の能力もこれと同じです。「あの人は嫌いだけど、あなたは好き」という人は、愛する能力を持っているとはいえません。

強いていえば、「あの人もあなたも好きだが、あなたのことがより好き」ということはできます。このように比較していいのかという問題は残りますが。

そもそも、「あの人は嫌いだが、あなたは好き」といわれても、少しも愛されている気がしないのではないでしょうか。なぜなら、そのようなことをいう人が、いつ何時同じ言葉を他の人に向けることになるかと思わざるをえないからです。

インドの宗教哲学者、ジッドゥ・クリシュナムルティはこんなことをいっています。

「誰かを大いに愛している時、その愛から他の人を排除するのでしょうか」（『子供たちとの対話』）

クリシュナムルティもフロムと同じように、誰かを愛する時に、他の人を排斥する必要はないといいたいのです。

プラトンはソクラテスに、酒を愛する人たちはあらゆる酒をあらゆる口実で歓迎すると語らせています（『国家』）。銘柄にこだわる人は、その銘柄の酒を好きなだけで、本当の酒好きとはいえないということでしょう。猫好きであるという哲学者の左近司《さこんじ》祥子《さちこ》は、このソクラテスの言葉を受けて、猫が好きなら汚れている野良猫も、ふわふわのペルシア猫も、どんな猫もかわいいといっています（『本当に生きるための哲学』）。本当に猫が好きな人であれば頷けるでしょう。この伝でいえば、「あの人は嫌いだけど、あなたは好き」という人は本当には人を愛しているとはいえないことになります。

隣人愛は可能か

先に引いたクリシュナムルティは、「初めに愛の感情があり、それから特定の誰かへの愛があるのではないですか」といい、全般的な愛と、特定の誰かへの愛を区別しています。

まず人を愛せなければ、つまりフロムのいう愛する能力がなければ、個々の人を愛することもできないのです。

アドラーの愛についての考えは、イエスが聖書の中で説いている「敵をも愛せ」という隣人愛に近いものですが、甘やかされて育った子どもは「なぜ私は隣人を愛さなければならないのか。私の隣人は私を愛しているのだろうか」と問うとアドラーはいっています（『人生の意味の心理学』）。しかし、甘やかされて育った人でなくても、他の人が自分を愛してくれるわけでもないのに、どうして私が他の人を愛さなければならないのかと問いたくなることでしょう。

アドラーと共同で研究をしていたフロイトは、イエスの隣人愛には疑問を抱いていました。実際、もしも「汝の隣人が汝を愛する如くに、汝の隣人を愛せよ」なら異論はないといっています（Freud, *Das Unbehagen in der Kultur*）。しかし、もしも私を愛してくれるのなら、私もあなたを愛するというのは、誰にでもいえることです。

フロイトは、隣人愛を「理想命令」であり、人間の本性に反しているとまで考えていました。見知らぬ人は愛するに値するどころか、敵意、さらには憎悪を呼び起こすとまでいっています。

「なぜそうすべきなのか。そうすることが何の役に立つのか。何よりも、この命令をどのように実行するのか。そもそも実行できるのだろうか」(*op.cit.*)

しかし、成熟したライフスタイルを持ったアドラーは、フロイトのこのような問いを、愛されることばかり考えている人の問いであり、たとえ誰からも愛されなくても私は隣人を愛そうと一蹴しています(『人生の意味の心理学』)。

大切なのは愛されることではなく愛することであるという考えについては、これからゆっくり考えていきます。ここでは、愛は自然的、衝動的なものではないということ、また、たとえ理想的な愛のあり方が現実とはかけ離れたものであったとしても、愛はこうあるべきだという理想を知っていれば、現実の愛のあり方を変えうるということを指摘しておきます。とてもそんなふうに人を愛することはできないと思っても、理想は現実とは違うから理想なのであり、理想こそが現実を変えることができるのです。

初めにインパーソナルな愛がある

精神科医の神谷美恵子は、若い頃に恋人を亡くしました。『生きがいについて』の中に、次のような記述があります。

「……もう決して、決して、人生は私にとって再びもとのとおりにはかえらないであろう。ああ、これから私はどういう風に、何のために生きて行ったらよいのであろうか」

この文章は、「将来を共にするはずであった青年に死なれた娘の手記」からの引用ということになっていますが、この手記は神谷自身の手記であったことを、現存する神谷の手記を引いて論証する研究があります（太田雄三『喪失からの出発―神谷美恵子のこと』）。

神谷は、それ以後は、誰をも、男性をもインパーソナル（impersonal）にしか愛せなくなったと書いていています。インパーソナルに愛するというのは、えこひいきのない公平な態度で愛するという意味ですが、神谷はインパーソナルにしか愛せない自分を病気だといっています。

このインパーソナルな愛の対極にあるのがパーソナル（personal）な愛です。クリシュナムルティの言葉でいえば、「特定の誰かへの愛」です。愛する人を失った神谷は、「特定の誰か」を愛することができなくなったのです。

ある日、神谷はヤスパースの *Psychologie der Weltanschauungen*（『世界観の心理学』）を読み、その中に、自分のことがそのまま書いてあるかのように感じる箇所に出会いました。

それは神谷自身のように、絶対的な愛を捧げた男性を亡くした少女についての記述で、「それ以来一人として彼女が個人として出会う人はいない」と書いてありました（太田、前掲書）。

ここで使われる個人というのは、英語でいえばindividual、その意味は一般的な人ではなく、他ならぬこの人という意味です。

私は個人として人を愛するためには、基礎としてインパーソナルな愛がなければならないと考えています。

先に「あの人は嫌いだけど、あなたは好き」といわれても愛された気がしないと書きましたが、これは、「あなたは好き」という「パーソナルな愛」の表明ではあっても、「インパーソナルな愛」が欠如しているからです。

あなたのことも、他の人も愛することができるけれども（インパーソナル）、あなたを他の誰よりも愛する（パーソナル）というのが本来の愛の形であり、インパーソナルな愛がパーソナルな愛の基礎になければなりません。パーソナルな愛というのは、インパーソナルな愛を知った上で、他の人に換えることができない無二の私が、無二のあなたを愛するということです。「あの人は嫌いだけど、あなたは好き」という人が愛するあなたは無二のあなたではありません。もしも気持ちが変われればすぐに他の誰かを愛することになるでしょう。その意味で、その人の愛は本当の愛ではありません。

偶然の出会いを運命の出会いへ

すべてが必然であっても偶然であっても、運命というものは考えられない、と三木清はいっています（『人生論ノート』）。

人との出会いそれ自体が偶然のものであることは間違いありません。『涅槃経《ねはんぎょう》』に「盲亀の浮木」という言葉が出てきます。深海に住む巨大な盲亀が百年に一度だけ海面にその姿を現します。その時に、亀が顔を出そうとしたまさにその場所に穴の空いた流木が浮かんでいて、たまたま亀がその穴に首を突っ込みます。それほど稀な偶然を表す言葉です。どんな人との出会いもこれくらい偶然的なものですが、これを運命と思える出会いにまで高めることができます。運命の人は存在しません。運命の人がいるのではなく、この人は運命の人だと決めるというのが本当です。

辻邦生が、幸田文に初めて会った日のことを語っています。この日、二人は「人生における〝縁〟」というテーマで対談をしました。辻はこの時五十代の半ばでした。幸田は歯切れのいい清楚な色気に溢れていたといいます。夏の着物を着た幸田は、背をちゃんとしてこんなふうに話しました。

「今日は本当によいご縁をいただきました。ただにおりましてはね、私、多分辻さんにお目にかかるご縁はなかったと思いますんですよ。まるで違う世界におりますし、歳もたいへん離れておりましょ。やはり、これは私の七十七の夏にちょうだいした一つの得難いご縁と思って、それで今日はうかがいましたの」（辻邦生、水村美苗『手紙、栞に添えて』）

「ただ」にいては会えないような人に、この人生で出会えたことの喜び。それまでの人生が一つでも違っていたら、会えなかったはずなのです。

出会いがありさえすれば恋愛が成就するのではありません。出会いを「縁」にまで高めることができれば、出会いは偶然以上のものになります。

就職活動をする学生も、自分が働く会社と仕事を選ぶ時にすべての会社の試験を受けるわけにはいきません。私の友人は、就活中のある日、急に降り出した雨を避けるために雨宿りした会社に就職しました。その時、雨が降らなかったらその会社で働こうとは思わなかったでしょう。ここで友人が、雨宿りをするだけで何も行動を起こさなかったら、この雨宿りはただの偶然の話で終わってしまったことでしょう。しかし友人は、その偶然を「縁」にまで高めたのです。

恋愛もすべての人に会ってから比較検討してこの人と付き合うとか、結婚しようと決めるわけではありません。偶然の出会いを必然、運命、縁であると思えるような出会いにまで高められるかどうかは、あなた次第です。

一目惚れはない

相手についての印象が自分の思い込みにすぎず、間違っていたことに気づくためには、二言三言話すだけで十分です。

このようなことから、私はいわゆる「一目惚れ」はないと考えています。哲学者の森有正が初めて女性に郷愁に似た思いと憧れとそして仄《ほの》かな欲望を感じた頃のことを書いています（『バビロンの流れのほとりにて』）。実際には、森はその憧れた女性とは一言も言葉を交わしていません。何ら言葉を交わすことなく、夏が終わり、彼女は去ってしまいます。

そんな彼女なのに、森は「全く主観的に、対象との直接の接触なしに、一つの理想像を築いてしまった」のです。しかし、そのような理想像は実際の彼女ではなく、森がイメージした「原型」でしかありません。

もしも森が彼女と言葉を交わしていたら、森の中の彼女の原型は崩れてしまっていたかもしれません。ある意味で、森は彼女と言葉を交わさなくてよかったかもしれません。彼女は永遠に森の中で、原型として生き続けることができたのですから。しかし、付き合う人がこのような原型であっては困ります。

邂逅

宗教哲学者であるマルティン・ブーバーによると、人間の世界に対する態度には二種類あります。一つは「我《われ》―汝《なんじ》」関係、もう一つは「我―それ」関係です。「我―汝」関係においては、私はあなたに全人格をもって向き合いますが、「我―それ」関係においては、私はあなたを対象（それ）として経験します。

言葉も交わさず、人を対象化する「我―それ」関係においては、相手を、ものを見るのと同じように見ます。この二つの関係の決定的な違いは、相手と言葉を交わすかどうかです。一目惚れは、この「我―それ」関係に該当します。一目惚れにおいて、私は相手と話すことをせず、相手を対象化しているのです。

つまり、相手自身（汝）を見ないで、過去に知り合った人についてのデータに基づいて、そこからの類推のみで初めて会った人を見ているにすぎないのです。

一方で、「我―汝」の関係においては、全人格をもって向き合います。その出会いは、街で誰かとすれ違う時のような出会いではありません。この出会いにおいて、私はあなたと出会い、私が「我」(Ich) になることによって、相手に「汝」(Du) と語りかけます。その時、初めて二人は邂逅《かいこう》します。

出会うといえばいいようなものですが、「邂逅」というような難しい言葉を使うのは、その出会いが特別のものであることを強調したいからです。

このような邂逅は一度だけではなく、徐々に邂逅していくということもあります。du はドイツ語では親称の二人称といいます。普通は相手のことを Sie と呼びかけますが、親しくなると du で呼びます。呼び方をいつ変えるかが、二人には重要問題になります。いつまでもよそよそしく「あなた (Sie)」と呼ぶことに違和感を覚えるようになったどちらかが、あるいは二人が、それではいつ「君」(du は「君」では表せないのですが) と呼ぶのか。「あなたのことを du で呼んでもいい？」という問いを、いつかは勇気を持って切り出さなければなりません。

そのような関係になった時の私は、もはやそれ以前の私ではありません。聖書には次のように書いてあります。
「生きているのはもはや私ではない。キリストが私の中に生きている」(『ガラテヤの信徒への手紙』)
愛し合う二人においても同じことがいえます。もはや私は一人だった時の私ではなく、愛する人によって生かされている、愛する人が私の中に生きているという感覚は理解できるでしょう。ブーバーの表現に従えば、最高の瞬間から出て行く時には、人はこれに入っていく前とは違った人間になります。ブーバーは瞬間という言葉を使っていますが、いつしか相手が du になるその時、もはや二人は相手なしに生きることはできなくなるのです。

愛は「流れ」である

フロムは西洋の言語において、動詞よりも名詞が使われるようになったことの一つの例として、「愛」という名詞は、愛するという活動を抽象したものにすぎないのに、人間から切り離されて実体化されてしまったと指摘しています(『生きるということ』)。「愛する」という行為があるだけなのに、それとは別に「愛」というものがあるかのように考えることが問題なのです。

活動や過程を「持つ」ことはできません。それらは、ただ経験されるだけです。ですから、愛は持つことはできず、経験されるだけです。その経験は、いわば不断に流れるものであり、刻々に変化します。

愛は持つことができませんから、一度誰かを愛したからといって、それで終わりにはなりません。つまり、愛はそのまま保たれるわけではないということです。

愛が経験である以上、愛には更新していく努力が不可欠になります。しかし、その努力は、相手とよい関係を築くことを目標とするのですから、決して苦痛ではないはずです。むしろ、それは喜びとしての努力です。

このように愛は活動であり過程ですから「持つ」ことはできません。それなのに愛が、何か人が「持つ」ものであると見なされるようになった時、人は愛されようとする努力も、相手を愛そうとする努力もしなくなります。

生きられる時間

この努力をしなくなった時、二人の間に流れる時間は「生きられる時間」ではなくなります。

生きられる時間という言葉を使ったのは、フランスの精神医学者ウジェーヌ・ミンコフスキーです。努力をする二人は、同じ場所で生きられる時間を共有することができます。

満員電車の中でも、たしかに同じ場所と時間を共有できますが、たまたま同じ場所に居合わせても、それだけでは生きられる時間を共有することはできません。

生きられる時間の対義語は死んだ時間です。通勤電車の中で隣り合わせた人との間には関係はありませんし、関係がないことを示すために、窓から外の景色を見たり、本を読んだり、スマートフォンのディスプレイを覗き込んだりします。隣にいる人とは何の関係もないことを他の人に示すためです。そのような時、時間は別々に流れていますし、一刻も早く目的地に着くことだけを考えている人にとって、長い通勤時間は苦痛でしかありません。

これに対して、生きられる時間は共有されるのであり、その時間は時計で計られる時間ではありません。哲学者の鷲田清一の言葉を借りるならば、他者と時間を縒《よ》りあわせ、同じ時間を共に経験することで初めて二人の間に関係が生じるのです（『「聴く」ことの力―臨床哲学試論』）。

相手を愛しているからといって、自動的にこの生きられる時間を共有することができるわけではありません。むしろ、生きられる時間を共有できていると感じられた時、愛という感情は生まれるといえますが、これは先に見たように、流れであり、過程です。一緒にいられるのなら、その時間を生きられたものにしなければなりませんし、喧嘩をするなどして時間を死んだものにすることはないのです。

同じ場所と時間を共有すると書きましたが、同じ場所にいなくてもこの時間は共有できます。

先にも書いたように、和辻哲郎は留学中、毎日妻の照に手紙を書いていました。照が読む手紙は一月前に書かれたものですが、手紙を読んでいる間、同じ空間は共有できなくても、二人は生きられる時間を共有できていたはずです。

「持つ」ことと「ある」こと

フロムは、人間が生きている上での二つの基本的な存在の仕方、即ち、「持つ」ことと「ある」ことを区別しています。

私の母は四十九歳で脳梗塞で亡くなりました。長く意識がないまま病床にいた時、看病していた私が考えたことは、フロムの言葉を使うと、次のようなことでした。

母のように動けなくなった時、お金も名誉も「持つ」ことには何の意味もなくなるのではないか。そんな時でも、はたして生きる意味があると思えるのだろうか。

この問いに対する答えはすぐには出ませんでしたが、フロムのいう「持つ」から「ある」への移行が、問題を解決する鍵になると思いました。

「私が私の持っているものであり、そして私が持っているものを失ったら、その時、私は何ものなのか」(Fromm, *Haben oder Sein*)

「しかし」とフロムはいいます。「ある」様式においては持っているものを失う心配もない。なぜなら、私は持っているものではなく、「ある」ところのものなのだから、と。

「持つことにおいては、持っているものは使うことで減るが、あることは実践によって増加する」(*op.cit.*)

燃えてもなくならない「燃える柴」は、聖書におけるこの逆説の象徴だとフロムはいっています。ある時、モーセが神の山ホレブにくると、めらめらと燃えている柴の中にヤハウェの使いが現れました。よく見ると、不思議なことに、火が柴をなめているのに、柴は燃えつきません(『出エジプト記』)。

愛は典型的な「ある」ことです。燃える柴として表されている神の愛は燃えてもなくなりませんが、人間の愛は燃え尽きることがないように、薪をくべる必要はあります。それが愛の更新としての意味での実践という意味です。人間の愛は更新の必要はあっても、所有されるものではなく「ある」ことなので、枯渇することはないということです。

嫉妬は、愛を持てるものだと思っていることから起こる感情です。どれほど好きな人でも、愛は「ある」ものであり流れなのですから、相手の思いを所有して繋ぎ止めることはできません。

もっとも、自分の思いがずっとこの先不変のものであると確信できる人はいないでしょう。今は夢中でもいつしか気持ちが変わることはあります。それがわかっているからこそ、永遠の愛を誓うのです。

永遠とは「今ここ」に生きることである

誰かを好きになった際に、この愛はいつまで続くのだろうかと考えない人はいないでしょう。最終的には死が二人を分かつことになりますが、死の前に別れることもありえます。

よい関係であっても、あるいは、よい関係であるからこそ、二人の愛が今後どうなるか不安にもなるでしょうし、いつまでも今のこの幸福な瞬間が続いてほしいと願うことでしょう。

ところが、この時間もフロムに従えば、「持つ」ことはできません。時間はただ、「今ここ」で経験されるだけです。過去はもはやなく、未来もまだきていません。時は「持つ」ではなく「ある」様式の中でのみ経験されます。

愛し合う二人は永遠の愛を誓い合います。しかし、幸福な二人が願う「永遠」とは、今という瞬間が無限に引き伸ばされたような時間としての「永遠」ではありません。この「永遠」についてフロムが適切に表現している言葉を借りると、次のようです。

「愛すること、喜び、真理を把握することの経験は時間の中で起こるのではなく、今ここで起こる。今ここは永遠である。即ち、無時間性である」(Fromm, *Haben oder Sein*)

例えば、ダンスをする時、踊ることそれ自体に意味があるので、ダンスをすることでどこかに移動しようと思う人はいないでしょう。踊ったことの結果として、どこかに到着するでしょうが、どこかに行くことを目的にダンスをすることはありません。移動することが目的なのであれば、踊らずにただ歩けばいいだけですから。

愛の経験はダンスをする時の喜びに似ています。いつまでもダンスを続けることはできません。音楽が止んだ時、ダンスは終わります。しかし、ダンスをしているまさにその時には、このダンスはいつまで続くかということが意識に昇ることはありません。アリストテレスは、ダンスのような動きのことを「エネルゲイア」（現実活動態）と呼んでいます（『形而上学』）。

これに対して「キーネーシス」と呼ばれる動きがあります。この動きには始点と終点があって、終点に着くまでの動きは、まだ終点に達していないという意味で未完成で不完全です。

他方、エネルゲイアにおいては「なしつつある」ことが、そのまま「なしてしまった」ことです。ダンスのようなエネルゲイアとしての動きは、どこかに到達しなくても、瞬間瞬間が常に完全なのです。

生きるということも、エネルゲイアです。生まれた時を始点、死ぬ時を終点と考えるのは一般的ですが、生きること、人生を、このようにしか見ることができないのかどうかは自明ではありません。

若い人に、今あなたは人生のどのあたりにいると思うかとたずねると、折り返し地点のずいぶん前の方にいるという答えが返ってきます。しかし、誰も自分が何歳まで生きられるかはわからないのですから、ひょっとしたら、もうとっくに折り返し地点を過ぎているかもしれないのです。

しかし、これはあくまでも人生を始点と終点がある運動（キーネーシス）と捉えた時の見方であって、生きるということをエネルゲイアと捉えれば、人生の「どこ」にいるかということは問題になりません。人生はいつも完成しているのですから、若い人が亡くなった時によく使われる「道半ば」というような表現すら意味を成さないことになります。

愛の経験もエネルゲイアです。つまり、初めと終わりというようなものがあるわけではなく、愛のいずれの段階も完全なものです。今ここに、無時間性の中で起こる愛の経験においては、それがいつまで続くかというようなことは少しも問題にならないのです。

愛の経験によって、時間の延長ではない、無時間性としての永遠の中に生きることができるようになった二人は、人生についても違ったふうに見ることができるようになります。

人間はいつか死ななければなりません。その死は幸福を脅かすものとして現れます。死が怖いのは、それがどういうものか、生きている限り、誰も経験できないからです。しかし、今、自分が愛する人と永遠の中で生きることができていれば、死がどんなものであるかは問題ではなくなります。「今ここ」に生きることだけが重要だからです。

誰もが一人で死んでいかなければならないという意味では、死は絶対の孤独です。森有正が「死が絶対の孤独であるとすると、生の中からはじまるこの孤独は死の予兆である」といっています（『流れのほとりにて』）。しかし、この生における愛の経験はこの孤独に抗うものであり、その意味で愛の経験は、永遠の予兆、それどころか、永遠そのものといえます。

未成熟な愛

お金や物の所有にこだわる人は多いです。フロムは次のようにいっています。

「ひたすら貯め込み、何か一つでも失うことを恐れている人は、どんなにたくさんの物を所有していようと、心理学的にいえば、貧しい人である」（『愛するということ』）

貧困がある程度を越えると、与えることができなくなり、与える喜びを失うことになるとフロムは指摘しています。しかし、そのような場合でも、与えることはできます。与えることのもっとも重要な部分は、物ではなく、人間的な領域にあるからです。物でなければ何を与えることができるでしょうか。フロムは次のようにいっています。

「自分自身を、自分のいちばん大切なものを、自分の生命を、与えるのだ」（前掲書）

これは生命を犠牲にするという意味ではなく、自分の中で一番息づいているものを与えるということです。

「自分の喜び、興味、理解、知識、ユーモア、悲しみなど、自分のなかに息づいているもののあらゆる表現を与えるのだ。このように自分の生命を与えることによって、人は他人を豊かにし、自分自身の生命感を高めることによって、他人の生命感を高める」（前掲書）

子どもは親に愛されますが、親の子どもへの愛は無条件ですから、子どもの側が愛されるためにしなければならないことは何もありません。この経験は受動的なものです。何か特別なことをしなくても、自分が生きている、存在しているということを他者から認められていると思えることは、自分に価値があると認めるための重要な出発点です。親は通常子どもの存在をそのままで受け入れます。

生きていることをそれだけで受け入れることができれば、人生におけるどんなこともプラスに見ることができます。問題があろうが、病気であろうが、親の理想とは違おうが、そんなことは問題になりません。親が子どもをこのように見ることを可能にするという意味で、子どもはそのままで親に貢献しているといえます。

子どもにはやがて、ただ親から愛されるだけでなく、自分も何かをすることで愛を生み出せるという新しい感覚が芽生えます。何かを贈ったり、詩や絵を作り出したりすることを思いつくのです。フロムは次のようにいっています。

「生まれてはじめて、愛という観念は、愛されることから、愛することへ、すなわち愛を生み出すことへと変わる」(前掲書)

幼い頃は、小さく、無力で、また病気であることで、またよい子どもであることで愛されようとしますが、思春期になると、愛することを通じて、愛を生み出す能力を自分の中に見出します。フロムは次のようにいいます。

「幼稚な愛は『愛されているから愛する』という原則にしたがう。未成熟な愛は『あなたが必要だから、あなたを愛する』と言い、成熟した愛は『あなたを愛しているから、あなたが必要だ』と言う」(前掲書)

成熟した愛に到達していない人は多いように思います。あなたが必要だから、あなたを愛するというのは誰でも考えることです。しかし、あなたを愛しているから、あなたが必要だとは考えたこともないという人が多いのではないでしょうか。

さらにいえば、成熟した愛を知る人は、あなたが必要だということを愛する人にいう必要すら感じないでしょう。

ギブ・アンド・テイクではない

アドラーは「パートナーの根本にあるギブ・アンド・テイクが重要である」といっているのですが（『個人心理学講義』）、このように考えると、ギブ・アンド・テイクは重要ではないことになります。

「私は与えられるだけでなく、自分でも相手に与えている」という人でも、「あなたにこれだけのことをしたのだから、その分、返してほしい」と要求するとすれば、これは取引であって、恋愛とはいえません。恋愛においてギブ・アンド・テイクに固執するとおかしなことになります。

恋愛に限らず、対人関係全般が本当はギブ・アンド・テイクではないのです。親子の関係でも、仮に親が子どもに「私はあなたにこれだけのことをしたのだから、返しなさい」といったところで、子どもはどうすることもできません。親から与えられただけのことを子どもが返せるはずがないからです。親孝行をしようと思っても、親に与えられたことをすべて返すことはできません。親もそのようなことを子どもに期待してはいないでしょう。ギブ・アンド・テイクは、成り立つはずがないのです。

もしも与えられたものを返そうとするのであれば、その相手は親でなくてもいいのです。結婚し子どもができたのであれば、親から与えられた分を子どもに返せばいいのですし、結婚しない人であれば、仕事などを通じて社会に返せばいいのです。

ギブ・アンド・テイクを対人関係の基本と見るのなら、このような形で受けたものを他者に返すということでなければなりません。

失恋が苦しいのは、恋愛をギブ・アンド・テイクで考えているからです。自分の与えた愛に対して、それ相応の愛が与えられないから苦しむのです。しかし、自分が愛しているように相手から愛されていないことがわかったからといって必ず諦めるかといえば、自明ではありません。相手が自分をどう思っていようとも、そのこととは関係なく相手を愛することができる人には、失恋は存在しません。

私でなくてもよかったのだと思い知らされた時、相手の心の中にそもそも自分が存在しないことを知った時、すぐに相手のことを諦められるのなら誰も悩んだりしません。すぐに次の相手を探せばいいのですから。失恋の悩みは、振られても諦められないことです。しかし、相手が自分をどう思っていようと愛せる人には、本来、失恋は存在しないのです。

他者に開かれる私

人が誰かを好きになるのは、人が対人関係の中に生きているからです。人間は「人の間」の存在ですから、人は一人では人間になることができません。

神学者である八木誠一のフロント構造理論を援用すると、このことは次のように説明することができます（『ほんとうの生き方を求めて——共存のフロント構造』）。

フロント構造理論において、人は四角形で表現されます。人は他者と接する際、この四角形の「フロント」（面）で接しているのですが、この四角形の四つのフロントのうち、一つは実線ではなく、破線になっています。この破線になっているフロントは、他者に開かれており、人は他者と接する際に、この破線でできたフロントで接するのです。ですから、このフロントは、他の人のフロントに接することで塞《ふさ》がれます。

赤ん坊は母親に世話されます。その母親は夫に支えられます。しかし、その夫も妻に支えられ、赤ん坊もただ親から支えられる存在ではなく、親を支えることができます。夜遅く帰ってきた時、子どもはもう寝ているでしょうが、その子どもの寝顔を見ると疲れが癒やされます。その時、子どもは親を支えているのです。

このような関係においては、人は自分だけで完結するのではなく、完全であるのでもなく、他の人に自分のフロントを補われなければなりません。その意味で、人は他の人と繋がっているのです。

恋愛関係にある二人も同じです。自分はもはや自分だけで生きているのではない、自分だけでは生きていけないと思うようになります。

しかし、これでは依存関係になってしまいます。精神的に自立しなければなりません。それでも、人は存在的には自分だけで完結しているのではなく、自分が完成するためには他者を必要とし、自分もまた他者を支える必要があります。

恋愛の場合、この自分を完成させる相手は誰でもいいわけではありません。

かけがえのないあなた

この意味で、自分が愛する人は自分にとってかけがえのないあなたですが、自分もまたフロントになるのですから、自分も相手にとってかけがえのないあなたなのです。

仕事であれば、自分の代わりになる人は必ずいます。自分の仕事に誇りがある人にとっては、このことは認めがたいことかもしれませんが、自分がいなければ職場はたちまち回らなくなると思っていても、実際にはそんなことは起こりません。

本当に有能な人は有能な教育者でもあるので、最初はすべて自分でしていた仕事でも、それを他の人ができるように教育しているはずです。職場が自分がいなければ回らないのであれば、後進を育てていないという意味で、その人は有能ではないといえます。

ところが、恋愛においては、自分の代わりになる人がいてはいけないのです。失恋がなぜつらいのかといえば、私でなくてもよかったことを思い知らされるからです。

反対に、自分が選ばれた時は、自分が相手にとって誰も代わりになれない存在であることを知ることができるから嬉しいのです。

とはいえ、自分が相手に選ばれたことを喜び、そのことで初めて自信を持てたのであれば、自分の価値は相手に依存することになってしまいます。しかし、相手に認められなければ自分の価値がないというわけではありません。

愛されないことの寂しさ

自分が他者の他者として相手の中に存在することを知ることが喜ばしいことであること

は間違いないでしょう。しかし、そこには問題が二つあります。

一つは、相手の心の中に自分が存在することを願うと、相手に愛されることを期待することになり、さらには自分が相手を愛するように、相手にも自分を愛することを求めてしまうことになるという点です。しかし、相手から愛されるかどうかは相手が決めることであって、自分が決めることはできません。

自分が相手を愛するのと同じように、相手が自分を愛さないのなら、私も相手を愛さないというのであれば、それは愛ではなく一種の取引です。愛は取引ではありません。恋愛においてギブ・アンド・テイクがなりたたないというのは、先に見た通りです。

もう一つの問題は、相手の心の中に自分がいなければ自分に価値があると思えないのだとしたら、自分の価値は相手に依存していることになってしまうという点です。

相手の心の中に自分がいることを願うことは、自分が相手にとって重要な存在であることを願うというそれだけの意味であれば、相手が実際にそう思うかどうかは措いておくとして、問題になりません。しかし、自分に価値があると思えるかどうかが、相手が自分をどう思うかによって決まるということになってしまうと問題です。相手が自分をどう思うかは自分の価値には関係はないからです。

依存関係にならないために

大切なのは、「自分は一人でも生きられる。それでも二人でいた方が、同じ経験を共有する喜びを持つことができる」と考えることです。お互いがそう思うことができれば、二人は依存関係ではない、理想的な愛の関係を築くことができます。相手に愛されないからといって、自分が消えるわけではありません。相手が愛してくれるから、自分が存在するのでもありません。相手の存在が、自分の存在を強めてくれると考えるのです。

神谷美恵子は次のようにいっています。

「愛に生きるひとは、相手に感謝されようとされまいと、相手の生のために自分が必要とされていると感じるときに、生きているはりあいを強く感じる」（『生きがいについて』）

自分が他の人の役に立てていると感じることができれば、貢献感を持つことができれば、自分に価値があると思えます。

アドラーは「自分に価値があると思える時にだけ勇気を持てる」といっています（*Adler Speaks*）。この勇気とは、対人関係に入っていく勇気のことです。なぜ対人関係に入っていくことに勇気がいるのかといえば、相手が自分の思いを受け入れてくれるとは限らないからです。拒絶されることもあります。そこで、拒絶され、傷つくくらいなら、対人関係に入るのをやめようと決心します。

しかし、その決心をするためには理由がいります。そこで、その理由として、勇気を持てない人は「自分には価値がない」と考えるのです。自分でも自分のことが好きでないのに、どうして他の人が自分を好きになってくれるはずがあろうか。そう考えることで、対人関係に入っていく勇気のない自分を肯定、正当化しようとするのです。

恋愛関係も同じです。恋愛関係の中にあっても、関係がうまくいかなくなることに対する不安や傷つくことを恐れるので、自分には価値がないと考えるのです。

相手に認められることにこだわる人は、相手が自分を認めてくれないとわかると、もはや相手に貢献しようとは思わなくなります。自分の思いを受け入れてもらうために努力してきた人が、相手から好意を持たれていないことがわかった途端に手のひらを返したように離れていくことがあります。そのような人は愛されたいと思っていたのです。愛されていないと知るまで一生懸命だったのも、愛されるためだったことがわかります。

本当の愛を知っている人は、相手に見返りを求めません。神谷のいうように、自分が相手の生のために必要とされていると自分で思えれば、相手に感謝されなくても、自分に価値があると思うことができるのです。

さらにいえば、本当の意味で他者を愛する人にとっては、相手から必要とされていると感じることすらも必要ではありません。

自己中心性からの脱却

自分が愛されるかどうか、自分が他者からどう思われるか、そういった自己中心性に囚われることが、恋愛における多くの問題を生み出しています。それは第一章で見た通りです。

この世に生まれてきたばかりの頃には、親の世話がなければ誰も一人では生きていくことはできません。ですから、初めは誰もが自分が世界の中心だと考えています。この意味で、最初は誰もが世界の中心に生きているのですが、しかしいつかは、自分がこの世界の中心にいるわけではないということを知らなければなりません。

自分からは何もしないでも与えられることを当然だと思ってきた甘やかされた子どもは、大人が自分を世話してくれる限り、大人を自分の仲間だと思うでしょう。しかし、やがて自分でできることが増えてくると、大人は世話をしてくれなくなります。その時、子どもは大人が自分の期待を満たすために生きているわけではないことを知ることになります。

子どもが自立するためには、この世界には自分だけが生きているのではなく、他者も生きているのだということを知る必要があります。そんなことは当たり前のことではないかと思う人もいるでしょうが、他者が自分と同じ資格で生きていることを知らない人は多いように思います。

他者は自分と同じ資格で生きているので、他者を自分の手段と見てはいけないのです。他者は自分の期待を満たすために生きているわけではありませんから、期待通りに他者が動かないからといって腹を立てるいわれはありません。もちろん、同じことは自分についてもいえるのですから、他者の期待を満たさなければならない理由はありません。

では、この世界に自分以外の人間が生きているということを、人はいつ知るのでしょうか。

それは誰かを愛し始めた時です。

他者が存在しなかった、少なくとも、自分にとって重要な存在ではなかった頃は、何をする時も考える時も、人生の主語は「私」であり、追求する幸せは「私の幸せ」です。ところが、誰かを愛し始めると、人はこのような状態から脱却することになります。人生の主語が「私」から「私たち」に変わるのです。

本当の愛を知った人は、「私」だけが生きていても意味がないと思うようになります。自分が愛する人がいてこそ、はじめて生きる価値があると思うようになるのです。

自立とは、決して一人で生きること、自分のことを自分だけでできるようになることではありません。むしろ「私」のためではなく、「私たち」のためを考え、私ではなく「私たち」の幸福を達成するという課題に向き合えるようになることなのです。

二人は共鳴する

主語を「私たち」にするためには、乗り越えなければならない問題が多々あります。

二人が無関係であれば何も起こりませんが、二人が近づくと、どちらかが、あるいは双方が相手を支配しようとすることが起こります。距離が近すぎるあまり、共依存になってしまうこともあります。これは恋愛に限らず対人関係全般にいえることですが、恋愛の場合にも、このことから多くの問題が起こります。

人を支配するのでも、かといって自分をなくして人に合わせるのでもなく、自分がこの自分のままで自立していながら、それでいてお互いの存在がかけがえのないような関係。そのように人と関わることはできないものか。

森有正がこんなことを書いています。

「リールケの名は私の中の隠れた部分にレゾナンスを惹き起し、自分が本当に望んでいるものは何であるか、また自分がどんなに遠くそれから離れているかを同時に、また紛らせようもなく、明確に感得させてくれる」（「リールケのレゾナンス」）

森は、リルケという詩人の名前を聞くだけでも、自分の中に「レゾナンス」（共鳴）が惹き起こされるといっています。

この森がいうレゾナンスが対人関係のあり方のヒントになります。支配したり、支配されたりする関係ではなく、二人が完全に自立したままで、それでいて相手に共鳴を引き起こし、また、共鳴が引き起こされるような関係。

完全に自立したままと書きましたが、これは無関係であるということではありません。それなら二人は行きずりの人にすぎず、何の影響も及ぼさないことになります。そうではなく、共鳴を引き起こしうるような何かを持った人が、自分と同じ振動数を持った人に共鳴を引き起こすのです。

人は決して一人で生きているのではなく、他者との関係の中にあるということを見てきました。他者に支えられ、同時に、人は他者を支えて生きているのです。このようなあり方を「相互依存状態」（interdependence）という言葉で表したいと思います。これはいわゆる共依存ではありません。

相互依存状態において、各自は自立しているのですが、存在の次元では自分だけで完結しているのではなく、自分が完成するためには他者を必要とし、他者も自分を必要とするので、自分もまた他者を支えなければなりません。

この意味での相互依存状態においては、他者との関係はレゾナンスという形で成立します。そこには支配、被支配関係はありません。自分が持てるものが、しかるべき相手の中で共鳴し、自分もまた共鳴します。

かくて、たとえいつも一緒にいなくても、また、遠く離れていても、互いに影響を及ぼし合うことができるのです。

ドイツの作家ルー・ザロメが情熱的に接した男性たちは、ザロメから霊感を受け、九ヶ月後には本を書き上げました。彼女と親交のあったニーチェもリルケもザロメから霊感を受けて本を書き、詩を書きました。

本を書いたことはなくても、新しい恋が始まったことで、読む本が変わり、聴く音楽が変わったという経験をした人は多いでしょう。その際、この変化は自発的に起こります。強いられるわけでもなく、自分が関心を持った人に関心を持ち始めた時から、より正確にいえば、その人の関心に関心を持ち始めた時から、共鳴するという形で自分の中に変化が起きるのです。

このレゾナンスは、「波長が合う」といえばわかりやすいかもしれません。本を読んでいる時、読み始めの頃にはなかなか内容を理解できないことがあります。それでも、しばらく読み進めていくと、ふいに作家と波長が合い、その瞬間から作家の言葉が理解できるようになるということがあります。これも共鳴の一つの形だといえるでしょう。

アドラー心理学における重要な概念の一つに共同体感覚があります。アドラーはこの共同体感覚を定義して、「他者の目で見て、他者の耳で聞き、他者の心で感じる」ことだといっています（『個人心理学講義』）。このうち、「他者の心で感じる」ことは「共感」といえます。そして、その共感をする時に、二人の間には共鳴が起こっているのです。

愛や結婚に適切に準備されている人が少ないとすれば、この意味での共同体感覚を学んでこなかったからです。

愛は、共鳴（レゾナンス）し合い、お互いの心で感じあえる関係において初めて成立するのです。

愛は自由を求める

講義の時に学生に話すと、大抵「無理」と一蹴されてしまうのですが、自分の好きな人が、自分ではない好きな人といて幸せであれば、そのことを喜べるのが愛です。

アドラーは「自分自身よりも愛するパートナーの幸福に、より関心があること」が大切だといっています（*Adler Speaks*）。

「ラストダンスは私に」という歌があります。あなた、好きな人と踊ってらっしゃい、でもラストダンスは私にとっておいてほしいという歌です。自信がない人は、相手が自分から逃げないように相手を繋ぎ止めようとしますが、相手を縛りつけようとすることが、かえって相手を自分から遠ざけることを知っていなければなりません。森有正はこんなことをいっています。

「愛は自由を求めるが、自由は必然的にその危機を深める」（『砂漠に向かって』）

相手に縛られず自由であると感じられる時、そのように感じることを許してくれた人の愛を強く感じます。愛は自由を求めるのです。もちろん、縛り付けずに自由でいることを相手に許すと、相手の関心が他の人に向かい、自分ではない他の人のことを愛するようになるかもしれません。

しかし、だからといって、そうならないように相手を縛ってしまうと、それは本来の愛のあり方とは程遠いものになってしまいます。

たしかに、相手が自由になれば、相手の気持ちが他の人に向かうこともあるかもしれません。しかし、自由であれば、必ず他の人に関心が移るとは限りません。むしろ、お互いが自由である時こそ、本当の愛が成就するのです。その時、二人の間に起こるのが、先に見たレゾナンスです。

勇気を持つ人だけが、愛を実現できる

アドラーは、勇気のある人は愛における真のパートナーになるといっています。そのような人は愛を失うことを恐れませんし、パートナーの人生を豊かにすることを望むことができるからです。

「愛を確固たるものにする唯一の方法は、パートナーの人生を豊かにし、安楽にするということを学ぶことである」(*Adler Speaks*)

ここでアドラーが「自分の」人生を豊かにし、安楽にすることとはいっていないことに

注意しなければなりません。この人は私の人生を豊かにしてくれるだろうかと、相手から得ることばかり考えるのは愛とはいえません。

愛を知る人は「自分自身よりも、愛するパートナーの幸福により関心がある」のです。これは先に見た共同体感覚に他なりません。

アドラーは、友情の訓練を受けることが結婚の準備でもあるといっているのですが（『人生の意味の心理学』）、それは友情を築くことを通して、この共同体感覚を発達させることができるからです。

私は相手に何ができるかを考え、相手の人生を豊かにしようとするのであれば、愛を失うことを恐れる必要はありません。愛を知る人が、相手が幸福であることを願わないはずがありません。もちろん、これは自分を犠牲にするというような意味ではありません。

アドラーは次のようにいっています。

「態度が『与える』というものである時だけ成功するのが、愛と結婚の不変の法則のように見える」（『人はなぜ神経症になるのか』）

愛する人は愛を失うことを恐れないといわれています。愛を失うことを怖れて、相手の気にいることばかりいったり、したりすることは愛ではありません。相手が間違っている時にはそれを正さなければなりません。こんなことをいえば相手が怒るのではないかなどと考えて、嫌われることを恐れてはいけません。そのように考える人の愛は、本当の愛ではありません。

愛は能力です。そして勇気です。あなたがここまで見たような愛の本質を知り、それを実現する勇気を持つことができれば、愛はきっと幸福をもたらすことになるでしょう。

第4章

幸福になるための「愛する技術」

愛を豊かに生きるために

最後に、恋愛を通じて幸福を手にするためにはどうすればよいのかを具体的に考えましょう。

第一章、第二章では、なぜ二人の愛が行き詰まるのかについて考えました。様々な問題点を見ましたが、基本的にはそこで問題になったことをいわば転倒させればよいのだということは予想できるかと思います。

しかし、二人の関係に何か問題がある時、その問題を除去さえすれば関係がよくなるかというと、そうとはいえません。問題を取り除いた後に、どのような関係を築くかというう、はっきりとしたイメージを持っていなければ、一つの問題を取り除いたところで、また別の問題が生じる可能性が高いからです。

そこで、第三章では、目指すべきあり方を考えるために、そもそも愛とはどのようなものなのかについて考え、愛が自己中心性から脱却したただひたすらに相手に「与える」ものであること、共鳴し合う関係を築くことであることを示しました。

本書の最初で見た通り、愛の問題とは能力の問題であって、さらには技術の問題です。

最後に本章では、ここまで考えた内容を踏まえて、二人の関係をどのように育んでいけばいいのかを具体的に考えていきたいと思います。

その方法、技術を知っていれば、愛の経験は人生を必ず生きるに値する豊かなものにすることができますし、その経験を通じて幸福になることができるでしょう。

きちんと言葉にする

まず初めに、恋愛関係をどこから始めるのかを考えてみましょう。告白のセリフについて相談を受けることがあります。

例えば、「シンプルに、『あなたが好きです』といおうかと思うのですがどうでしょうか」とたずねられたことがあります。それに対して、私は次のように答えました。

「『そうですか』で終わってしまいそうですね。どうしてほしいかはっきりいってみたら?」

なぜ「あなたが好きです」ではうまくいかないかというと、自分の思いを相手に伝えてみても、たしかに自分の心の叙述、描写ではありますが、そこには相手に対する何らの主張も含まれていないからです。「あなたが好きです」といわれても相手は「そうですか」としかいえません。

はっきりと主張しなくても、自分がどうしてほしいと思っているか相手が察してくれるだろうと考えている人は、このような言い方をします。

しかし、愛の告白に限らず何かを主張しようとする時には、ストレートにいわなければ伝わりません。

例えば、「今日は暑いですね」という時、それはただ暑いといっているのではなく、「暑いので窓を開けてほしい」とか、「エアコンの設定温度をもう少し下げてくれませんか」という意味であることがあります。察しのよい人であれば、すぐにその言葉の意図を理解し、窓を開けたりエアコンの設定温度を下げたりしてくれるかもしれません。しかし、そんなことをいつも期待することはできません。

「お腹が空いた」という言葉に関しても同じことがいえます。この場合も、「何か作ってくれませんか」とか、「何か食べるもの買ってきてくれない?」というような意味が込められていることがありますが、しかしそれもはっきりと口にしなければ、相手には伝わりません。

そういった意味を込めて「お腹が空いた」といったところで、「そう……、私もよ」というような答えが返ってくるかもしれません。しかし、だからといって相手を責めることはできません。相手にしてほしいことがあるのなら、はっきりと口に出さなければならないのです。

もちろん、「何か作ってくれない？」といってみても、相手がそれを引き受けてくれるとは限りません。「自分で作ったら？」とすげなくいわれるかもしれません。それでもいってみる価値はあります。

さて、「あなたのことが好きです」と伝えるだけでは駄目だということについて話した後、相談者は次のようにたずねてきました。

「わかりました。それでは『私を好きになってくれませんか？』というのはどうでしょうか」

たしかに、そういわれたら「はい」か「いいえ」で答えることができます。先ほどの、相手が察してくれることを期待する告白の仕方よりは望ましいといえるでしょう。

しかし、このようにたずねれば相手が必ず気持ちに応えてくれるというわけでは当然ありません。「いいえ」と答えられることもあるでしょうし、「私はあなたのことが嫌いです」といわれることもあるかもしれません。

しかし「嫌い」といわれたら、むしろ脈があるともいえます。なぜなら、そういえるためには、相手があなたに対して何らかの関わりや気持ちの交流を持っていなければならないからです。「あなたのことを知りませんでした」といわれるよりは、はるかに関係は近いといえます。

また、もしも「嫌い」だといわれても、「それでは、どうしたら嫌いではなくなりますか」とたずねることができます。告白に限らず、伝えるべきことはハッキリ伝えないと、改善できる部分も改善できなくなります。

しかし、そもそも恋愛関係を始めるにあたって、最初にこんなふうに自分の気持ちを相手に告白しなければならないのか考えてみなければなりません。恋愛には愛の告白がつきものであると考えている人は少なくありませんが、それは自明のことではありません。

お互いのことを、そしてお互いの気持ちをわからなくても二人の関係を始めることができます。むしろ、相手をどう思うかは付き合った後にわかることであり、最初からはわからないというのが本当だと思います。

友だちであれば、何となく気が合うので一緒にいるうちに親しくなっていたということが多いのではないでしょうか。友情も恋愛も、対人関係であるという点では基本的に大きな違いはありません。ですから、恋愛の場合もそれでいいと私は考えています。

対等な関係を築けているか

先に、愛と尊敬は強制できないということを見ました。愛の告白が本当に必要かどうかは別としても、こんなふうにどう告白すればいいかと迷うことは、相手が自分を愛しているのは当然だとは見ていないという意味で、相手を対等に見ているということの証だということができます。

それがいつの頃から、最初の頃のような初々しさを忘れ、愛されて当然と思ったり、喧嘩をして心が離れてしまっても、そのことに格別の危機感を持たなくなってしまったりする人がいます。そのような人は、相手の愛を疑わないというよりは、相手の気持ちが変わるわけはないと思い込んでいるという意味で、相手を下に見ているのです。

アドラーは、「愛と結婚の問題は、完全な平等にもとづく時にだけ、満足に解決できる」（『個人心理学講義』）といっています。

対人関係のあり方は平等、対等でなければならないということをアドラーは一九二〇年代からいっています。

そんなことは当たり前だと思う人は多いでしょう。しかし実際に、愛する人たち同士が対等な関係が築けていることは少ないように見えます。口では「対等な関係を築いている」といっている人でも、自分では気づいていないだけで、自分が上で相手が下だと思い、相手を対等とは見ていないということが多いように思います。

対等の関係を築けていないと意識しているのであれば、関係を変えることはできますが、自分が相手より上に立とうとしていることにまったく気づいていなければ、関係を変えることは難しいでしょう。本当には変える必要性を感じていないからです。目下、誰かとの関係がうまくいっていないとすれば、対等の関係を築けていないからではないかというところに立ち返る必要があります。愛する技術の話をこれからしようと思うのですが、技術以前にまずは二人が互いを対等に見ているかを問わなければなりません。

相手に関心を持つ

対等な関係というのがどういうものなのか、どうすればそのような関係を築くことができるのか具体的に考えてみましょう。

まず、相手に関心を持つことです。アドラーは、それぞれのパートナーが自分のことよりも、相手にこそより関心を持たなければならず、そのことが愛と結婚が成功する唯一の基礎である、そして、相手により関心があれば、二人は対等であるに違いないといっています（『人生の意味の心理学』）。

第一章で見たように、関係がうまくいかない人は、相手に関心を持たず、自分自身にしか関心を持っていないのです。第三章の表現でいえば、自己中心性から脱却できていない人ということになるでしょう。

「関心」は英語では interest といいますが、この interest はラテン語の inter esse（est は esse の三人称単数形）が語源となっています。これは、「中に（間に）ある」という意味です。つまり「関心がある」というのは、対象と自分との「間に」（inter）関連性があるということです。

この世に起こることにまったく関心がない人がいます。例えば、政治に無関心な人というのは、政治が自分の人生に何か影響を及ぼすことになるとは考えていません。政治と自分の「間に」何も関係性がないと考えているから「関心」を持たないのです。

対人関係についても、相手に何が起こってもそのことが自分とは何の関係もないと思えば、相手に何の関心も持ちません。二人の関係がギクシャクし始めても、そのことに自分が関係があるとは思わない人もいます。

相手に関心を持つといっても、関心を持つことが自分にとって必要だからというのであれば、それは結局、自分への関心でしかありません。例えば、「この人と仲良くしておけばいいことがあるだろう」と思って関心を持つというような場合、それは相手に対して関心を持っているのではなく、自分に関心があるだけです。そのような人は相手を手段として見なしているだけなので、もしも相手がもはや自分の役に立たないと思うようなことがあれば、関係を切ることでしょう。

「相手の関心に関心を持つ」という表現がありますが、理想はこういったあり方であるといえるでしょう。これなら自分への関心をひとまず脇に置き、相手にだけ関心を持つことが可能だからです。

この他者に向けられる関心がアドラーのいう「共同体感覚」です。共同体感覚は徐々に育つものです。今までのライフスタイルが自己中心的なものであれば、そのようなライフスタイルを一朝一夕に変えることは容易なことではありません。だから、恋愛がうまくいかないとわかっていても、今までと同じことをしていたら、なじみのライフスタイルの方がいいと諦めてしまうのです。

何ができるかを考える

自己中心的なライフスタイルを身につけてきた人は、相手に関心を持たず、相手が自分に何をしてくれるかばかり考えています。相手が自分の期待を満たすために生きているわけではないということを認めることができません。

しかし、相手を愛するというのは、第三章で見た通り、相手に関心を持ち、相手に何ができるかを考え、できることをすることです。

その際、相手が自分に何をしてくれるかは問題になりません。「あなたに私はこれだけのことをしたのだから、それと同じだけ与えてください」と要求するとすれば、それは取引であって愛とはいえません。恋愛において、ギブ・アンド・テイクに固執するとおかしなことになります。

絶え間なく相手への関心を保つ

さて、この相手への関心は一時的に持てばよいというわけではなく、ずっと持ち続けなければなりません。

恋したばかりの人は、寝ても覚めても好きな人のことを思いますが、一旦、相手が自分を愛してくれていると確認してしまうと、相手への関心が急速に冷めてしまうことがあります。そのような人は、相手をただ征服、所有したかっただけなのです。これは見方を変えれば、相手に不断の関心を持っていることが、愛を維持するための条件だということです。

たしかに、長く一緒にいると、最初の頃のような関心を持たなくなるということはあります。しかし、付き合い始めた最初の頃のように相手への関心が強く熱いものでなくなっても、静かな関心を持ち続けるという形で愛を育んでいくことはできます。

先に見た、相手を征服したいというような気持ちが自分にあるのだということ、自分は相手を下に見ているのだと思いたくない人は、自分の愛が実は利己的であり、相手のことなど少しも考えていないことを認めたくないので、相手のことが寝ても覚めても頭から離れない、それくらい愛しているのだと思おうとするのです。

相手は理解を超える

相手に関心を持たなくなる理由の一つに相手のことを完全に理解しているという思い込みがあります。

先に、人を愛するという時、「共感」できなければならないということを見ました。共感をせず、自分の尺度でしか相手を見ることができない人は、相手を理解することができません。この尺度は、常識であることもあります。「常識的に考えれば、相手はこう考えているだろう」と相手の言動を解釈し、それで理解できたと思ってしまいます。しかし、一般的な尺度を当てはめてみても相手を理解することはできません。

「理解する」はフランス語でcomprendreといいますが、これは「含む」という意味です。相手のことを理解する時は、相手のことを自分の理解の枠組みの中に含むということです。しかし実際には、相手は必ず私の理解からはみ出ます。親しいから、愛しているからといって相手を完全に理解できるということはありえません。

カウンセリングに子どもの問題でやってくる親は、大抵「子どものことは親である私が一番よくわかっている」といいます。しかし、そういった親の発言を聞くたびに、本当に親が子どものことを理解しているのであれば、子どもは問題を起こさなかったのではないだろうかと思います。

付き合っている人から「あなたのことは何でもわかっている」といわれたら嬉しいでしょうか。嬉しいと思う人もいるでしょう。でも、「何でも」といわれたら、「いやそんなはずはない」と言い返したくならないでしょうか。

相手のことを理解できないことが問題なのではなく、理解できていないことを知らない、理解できていると思い込んでいることが問題なのです。相手を実際には理解できていないのに、あるいは、相手について知らないこともあるはずなのに、その事実に目を向けようとしないことが問題なのです。

人はわかり合えない

そもそも、相手を理解できないということを前提に付き合う方が、理解できると思って付き合うよりも安全です。相手を理解することは元来不可能なのだと思うところから始めるのです。これは相手のことをまったく何一つ理解できないという意味ではありません。

それくらい慎重であってもいいということです。

相手を理解できると思っていれば、「この人は私と同じように考えているはずだ」「常識的に考えれば、相手はこう考えているはずだ」と、自分の思い込みで判断して、相手を理解しようとします。

たしかに、相手を理解しようとする時には、私だったらどうするだろう、どう考えるだろうと、自分の尺度を相手の言動に当てはめて理解しようとしますし、実際のところ、そうすることしかできませんが、自分と相手は違いますから、それがまったくの見当はずれになることがあることを知っておかなければならないのです。

何もかもわかり合うことは不可能です。それを前提として「他者の目で見て、他者の耳で聞き、他者の心で感じる」という意味での「共感」が重要だとアドラーはいうのです。「相手の立場に身を置く」という言い方もアドラーはしています。

長く付き合っていても、相手のことがよくわからないと感じることはあります。自分の言葉を相手がどう受け止めたかわからないということもあります。

そんな時はたずねてみるしかありません。「それはどう意味でいったの」とか、自分の言い方を相手がどう受け止めたかがわからない時には「今の言い方どう思った」というふうにです。

この話を講義中にしたら、面倒だといった学生がいました。たしかに面倒といえば面倒です。でも、相手をわかろうとする努力を怠ると、わかっていると思っていたら実はわかっていなかったり、わかってもらえていると思っていたことがわかってもらえていなかったりすることがたび重なり、やがて関係を危うくすることになりかねません。確認する努力をすれば関係は必ずよくなるので、面倒だと思ってはいけません。

考えが違う時

このような努力をした上で、相手の考えを理解できたとしても、その相手の考えを受け入れられないことはあります。反対に、相手が自分の考えを理解してくれない、また理解してもらえても反対されるということはあります。そうなると、冷静ではいられず、感情的になってしまいます。

アドラーは、「もしも男性か女性のどちらかが、結婚した後に、相手を征服したいと望むのであれば、結果は致命的なものになるだろう」といっています（『個人心理学講義』）。

このことは結婚した後に限らないでしょう。最初から相手を征服しようと思っていなくても、付き合っていく中で、相手の中にどうしても受け入れることができない価値観を見つけてしまうことはあります。

そのような時に、どちらかが、あるいは、双方が感情的になって自分の考えを相手に認めさせようとして、喧嘩になることがあります。

アドラーがここで「男性か女性のどちらか」が相手を征服したいと望むのであれば、といっていることを私は面白いと思います。女性の方が征服者であるカップルはめずらしくはないからです。

さて、このようにして征服を試みる人は、どのようにして相手を征服し、自分の考えを受け入れさせようとするのでしょうか。

まず、怒りの感情で支配しようとする人について考えましょう。

怒りの感情で支配しようとする人は、怒りを相手にぶつければ、自分の考えを受け入れさせることができると考えているのです。しかし、その目的のためであれば、怒りという感情に訴えなくても、言葉で相手にお願いすればいいだけのことです。もちろん、言葉でお願いしてみても、相手が受け入れるかどうかはわかりませんが、怒りの感情を使っても、相手に受け入れてもらえるとは限りません。たとえ相手が受け入れたとしても、気持ちよく受け入れるわけではなく、怖いからとか、あるいは、その場を切り抜けるために、心ならず同意するだけです。

言葉を使って自分の考えを伝えることは面倒ですが、だからといって即効性を求めて怒りの感情を利用すると、その副作用は大きなものになります。

次に、悲しみの感情によって支配しようとする人について考えます。アドラーは次のようにいいます。


「悲しんでいる人にとって、高められたという感覚は、まわりの人の態度によって与えられる。悲しむ人が、誰かが奉仕し、同情し、支え、何かを与えたり、話しかけることなどによって、しばしば楽になることは知られている。泣いたり嘆くという爆発によってまわりの人に対する攻撃を始め、悲しむ人は告発者、裁判官、批判者となって、まわりの人よりも自分が高くなったと感じられる。要求、懇願という特徴がはっきりと見られる」(『性格の心理学』)

悲しんでいる人がいると、まわりの人はその人のことを放っておけないと思ったり、腫《は》れ物に触るように接することを強いられたりします。そのように、まわりの人が「奉仕」しなければならないと感じるという点において、悲しむ人は悲しみによって優越感を持つことになります。

怒りの感情が人と人とを引き離す感情であるのに対して、悲しみの感情はまわりの人が放っておけなくなるという意味では人と人とを結びつける感情だといえます。しかし、悲しむ人はただ与えられるだけなので、その結びつきは一方的なものでしかありません。真の結びつきは、与えられるだけではなく、自分も相手に与えるということによってのみ可能になります。

このように、泣いたり、不安を訴えたりすることで相手を支配し、征服しようとすることを、「涙や不平が協力をかき乱す」ことであるとアドラーはいっています。

自分が気に入らないことが起こった時、自分の思う通りにさせようと感情を使い、協力して問題を解決しようとしていないからです。

二人の間に問題が起きないことはありません。愛し合っている二人であっても、知り合って間もなくであればともかく、長く付き合ったり、結婚生活を続けたりしていけば、何らかの問題が起こるでしょうし、時には仲違《なかたが》いをすることもあるでしょう。いつも、何事についても二人の考えが一致し、諍《いさか》いがまったくないということはありえません。

大切なのは考えの違いが生じないことではなく、考えが違う時にどう対処するかです。どう対処すればいいのかを知っていれば、たとえ一時的に関係が険悪になっても、関係の修復は容易ですし、永続的に関係が悪くなることもありません。

考えが違うことが明らかになった時には、感情的になったり、力を使ったりして、異論をねじ伏せたりせず、話し合うこと、時には粘り強く話し合うことが必要です。

子どもが生まれてからも、親の意見が一致しないことは当然あります。そんな時、子どもに学んでほしいのは、考えの違いを話し合いでどのように調整するかです。力で相手を圧倒し自分の考えを押し付けるのではなく、きちんと話し合いで解決していくところを子どもに見せてほしいのです。そうすれば、やがては子どもたちも話し合いで解決することができるようになるでしょう。

話し合いの技術

では具体的に、どのように話し合っていけばいいのかについて考えたいと思います。

例えば、恋人やパートナーが急に「今の仕事を辞めたい」と言い出したとしましょう。この場合、簡単に「どうぞ好きにしてください」とはいえないでしょうし、できるものなら考えを改めてほしいと思うでしょう。しかし、そこで話し合いの仕方を誤ると、二人の関係にまで大きな影響を及ぼすことになってしまいます。

本来、仕事をする、しないは本人が決めることであり、本人以外が決めることはできません。しかし、仕事を辞めると、家族はそのことで実質的な迷惑を被ることになります。付き合っている二人であれば、そのことが二人の未来に暗い影を落とすことにもなります。

それゆえ、仕事を辞めることについて自分の意見をいうことはできますが、その際に「絶対、辞めてはいけない」といわないことが大切です。最初から辞めてはいけないといってしまえば、話し合いになりませんし、このように切り出されたら相手がむきになるのは目に見えています。

このような話し合いをする時に、前提として知っておかなければならないのは、相手を「理解する」ことと、相手の考えに「賛成する」ことはまったく別のことだということです。賛成できないかもしれないけれど、まずは相手の考えを理解すること、少なくとも、理解しようとする姿勢を示さなければなりません。

仕事を辞めるという大きな決断をしようとする時には、少しであってもまだ迷いがあるかもしれません。事後承諾ではなく、意見を求めているだけかもしれませんし、止めてほしいと思っているという可能性すらあります。それなのに、最初から聞く耳を持たないという態度で臨めば、相手の態度を硬化させることになってしまいます。

そこでまず、自分が意見をいえることといえないことがあることを知っていなければなりません。意見をいえるのは、今仕事を辞めたら何が困るのか、困らないためには何をしなければならないかということだけです。このことについて話せば、辞めることが現実的でないと考えて、退職を思いとどまることもあるかもしれませんが、話してみないとわかりません。そもそも、仕事を辞めたら本当に困るのかも、自明ではありません。相手は既に次のことを考えているかもしれませんし、相手が今の仕事で疲弊しきっているのであれば、初めは反対していても二人で話し合ううちに辞めた方がよいという結論にたどり着くこともあるかもしれません。

次に、相手の仕事の仕方について触れてはいけません。「辞めることを考える前に、もっと一生懸命働いてみたら」といいたくなっても、相手の働き方に口を挟むと、たとえそれが当たっていても、むしろ、当たっていればなおさら批判されたと思い、辞めるという決心を固めることになるかもしれません。

第三に、話し合いをする時に決して相手を責めないことが大切です。まずは、話を聞き、考えを理解することに努めましょう。先に見たように、理解することと賛成するということは別のことです。理解できるけれど賛成できないということは当然ありえます。大事なことは、聞く耳があり、理解しようとしていると相手が思えることです。この人は決して話を途中で遮らないし、批判しないと確信できれば、話そうという気になるでしょう。

最初から理解しようとしないで話も聞かないという態度を取れば、たとえ相手が仕事を辞めることを思いとどまり、経済的に支障をきたすことがなくなったとしても、今後の二人の関係はよくならないかもしれません。

人は仕事をするために生きているのではありません。生きるために、さらにいえば幸福に生きるために働くのです。その意味では、現実的な問題はたしかにありますが、意に染まぬ仕事をすることで相手が幸福ではなく、ひいては二人の生活が幸福に感じられなければ元も子もありません。

話し合いは一度でなく、何度してもいいのです。人はそう簡単に考えを翻《ひるがえ》したりしないからです。たとえ、話をすることで自分の考えが間違っていることがわかっても、間違いを認めたくないということもあります。

一度話し合っても結論が出なかった場合、「今日は結論が出なかったけれど、また話しましょう」と次回に持ち越せばいいのです。大切なことは、二人が問題の解決に向けて協力できるということです。どんな形であれ協力して問題を解決できたという実感を持てれば、そのことがこれからの二人の人生にとって貴い経験になるでしょう。

権力争いから降りる

お互いの意見が食い違った時、「自分は間違ったことをいっていない」と思うことがあります。そして、相手の考えを批判し、自分が正しいことを相手に認めさせようとします。これは権力争いです。たとえ、感情的になっていなくても、正しさに固執していれば権力争いです。

しかし、二人の意見がぶつかり合った場合、これは二人にとっての問題ですから、二人で協力して問題を解決していくしかありません。争いによって関係が悪くなってしまっているのであれば、相手との関係を修復することが先決ですし、関係がよくなければ協力して問題を解決することはできません。問題を解決することが最優先事項なのであって、どちらが正しいかを証明することではないはずです。どちらが正しいかを証明することに固執することは、問題の解決に繋がらず、それどころか解決の妨げにすらなります。

それに、ここで権力争いに勝ってしまうと、相手は復讐を始めます。そうなると、解決は困難になりますから、権力争いの段階で降りなければなりません。

喧嘩は相手への甘え

喧嘩をするほど仲がよいという人もいますが、そのようなことはありません。アドラーが「怒りは人と人を離す感情である」といっていることは先に見ましたが、怒りの感情を使わないで喧嘩をする人はいないでしょうから、喧嘩をすると必然的に二人の距離は離れていきます。

仲良くなるためには、喧嘩する必要などまったくありません。いつか電車の中で高校生のカップルがこんな話をしていました。

「お前は付き合った最初の頃はおとなしかったなあ。なのに、今や俺は完全に尻に敷かれている」

「私がわがままだからよ。でも、自分がわがままだということがわかっているからいいの」

いいか、悪いかは彼が決めることでしょう。彼女は自分がわがままだとわかっていても、そのことが二人の関係を悪くすることに気づいていないので、態度を改めようとしていません。たしかに、付き合い始めた最初の頃のように猫を被り続けることがよいとは私は思いませんが、それにしても親しくなると態度が変わるというのもどうかと思います。きっと彼女は親しくなるにつれ、言葉遣いに遠慮がなくなったり、無理なことをいったり、拗《す》ねたり、怒ったりしだしたのでしょう。

しかし残念ながら、彼がそのような態度を許してくれるという保証はありません。彼も最初は、彼女のわがままが可愛く見えたり、わがままに応えることに喜びを感じたりしたかもしれませんが、やがてわがままをいうことを彼女が当然と思うようになれば、いずれ愛想を尽かすことになるでしょう。

そうなると、喧嘩もするようになります。喧嘩の際に手が出ることもあるかもしれません。手が出なくても相手に怒りをぶつける時に発する言葉は暴力です。

たしかに、喧嘩をどれほどしても、仲直りする術を心得ていたら、その場においては関係を修復することができるかもしれません。しかし、それがいつまでも続くという保証はありません。

喧嘩をした後に仲良くなるとか、喧嘩するほど仲がよいというのは、甘えでしかありません。甘え続けていれば、ある日本当に関係が終わることになる可能性があることは、知っておかなければなりません。

なぜ怒ってしまうのかを考える

喧嘩するところまでいかなくても、生活の中で怒りを発することがあれば、この怒りは相手との関係を遠くし、悪くします。

「ついカッとなってしまうことがよくあって、相手との関係がうまくいかない。どうすれば怒らずにいられるのか」と相談を受けることがあります。そのような人には、ついカッとしたのではなく、ある目的があって怒りの感情を作り出したのだと説明します。その目的がわかれば、怒らなくていいことがわかります。

以前にも見た通り、怒る人は相手に何かしてほしいことがある時に、それを相手にさせるために怒るのです。つまり、相手に何かをさせることが怒ることの目的であり、怒りをそのための手段として使っているのです。怒れば相手がいうことを聞くと思っているのです。しかし、怒りの感情で相手にいうことを聞かせたとしても、相手は決して快く引き受けたわけではありません。

相手の言動で傷つき、腹が立ったのであれば、「今のあなたの言い方で傷ついた」といえばいいのです。そのことを伝えるために、怒りの感情を込める必要はありません。

素直になれない時

素直になれないという人の相談を受けたことがあります。

「そのせいでよく喧嘩をしてしまいます。どうしたら素直になれますか」

このようにいう人は、実際には素直になれないというよりは、素直にならないでおこうと決心しているのです。なぜそんな決心をするかというと、負けたように感じるからです。

自分に非があるのは明らかなのに素直に謝れないという時、その人は謝れば負けたことになると考えているのです。ですが、負けてもいいではありませんか。

先にも見たように、喧嘩をするくらい仲がよいというようなことはありえません。喧嘩をしているその時、愛は消えています。関係を育むには時間がかかります。しかし、関係を壊すのは一瞬です。

それでも、一度喧嘩をすれば二度と関係を修復できないわけではありません。取り返しのつかなくなる前に、必要だと思えば、素直になって謝るしかないのです。

喧嘩をする二人は、喧嘩をする以外の方法に、自分たちの繋がりを確かめる方法を知らないのかもしれません。

息子が五歳だったある日、私が何かのことで妻に大きな声を出したことがありました。その時、近くにいた息子がいいました。

「そんなに怒ったら、お母さんはお父さんのことを好きになってくれると思っているんか。好きでなかったらどうするっていうの」

喧嘩はそこで終わりました。一緒にいられることは、それだけでありがたいことなのです。普段、なかなか一緒にいられないのならなおさら、一緒にいる時にわざわざ喧嘩しなくてもいいでしょう。

黙っていれば何も伝わらない

感情を使って自分の考えを押し付けようとする人がいる一方で、他方、このような争いを恐れて、いいたいことがあっても何もいえないという人もいます。考えが違っているのに、どちらかが、あるいは双方がそのように自分の考えをはっきりと主張しなければ、表面的にはよい関係でいることができます。しかし、そのような表面的なよい関係は、何かのことがきっかけになって破綻してしまいます。

そのような人は、協力して問題を解決する努力を怠っているのであり、自分が何を感じ、何を思っているかを口に出さなくとも相手にわかってもらえるはずだと考えています。そして、それが伝わらなかった時に怒ります。

しかし、人間にはテレパシーなどありません。主張しないことは、長い目で見ると関係を悪化させます。

どんなに困っていても、また、そのことが誰の目にも明らかに見えても、何もいわなければ、そのことは伝わりませんし、誰も助けてくれません。ですから、自分ができることであれば他の人に援助を乞うてはいけませんが、自力でできないことについては、言葉でお願いすればいいのです。

ただし、援助を乞えば助けてくれる人がいるかもしれませんが、それとて、その人の善意であって義務ではないので、助けてもらえないからといって腹を立てるいわれはないのです。

人の迷惑になることを怖れて、助けを求めない人もいます。しかし、自分ひとりで解決しようとした結果失敗すれば、かえってまわりの人に迷惑をかけることになってしまいます。

以上のことは、恋愛関係においても同じです。愛し合っていると思っていても、言葉に出さなければ何も伝わりません。付き合う前であれば、なおさら自分の思いを言葉にしなければなりません。自分が好意を持っていることを何とかして相手に伝えたい場合、遠回しな変化球を投げようなどとは思わないで、ストレートの直球で伝えるしかありません。

よいコミュニケーションとは何か

ここまで、愛は「流れ」であるため、その愛の流れを枯らさないためにはどうすればよいのかを見てきました。大切なのは対等な関係を築くということです。対等な関係を築くためには、相手に関心を持つことが必要です。その上で、相手と意見がぶつかった場合にはどうするべきかを考えました。

意見がぶつかった時だけでなく、普段から相手とよいコミュニケーションができなければよい関係を築くことはできません。どんな時にこの人が好きだ、愛していると感じるのかといえば、よいコミュニケーションができている時だからです。愛があればよいコミュニケーションができるわけではありません。よいコミュニケーションができず、それどころか、喧嘩をするようなことがあれば、その瞬間、二人の間からは愛という感情はなくなっているのです。

しかし、よいコミュニケーションといっても、上手に話ができるというような意味ではありません。大事なのは、この人の前では普通にしていてもよいと感じられることです。

自分をよく見せないといけないと思う時には、コミュニケーションには無理が生じます。自分をよく見せようと思わなくていいのなら、話す内容は他愛もないことでもいいのですし、話をしなくてもいいくらいです。話題を選び、自分をよく見せようとする努力は長続きしません。

また、多くの人は絶えず他者と競争し、その競争に勝たなければならないと思って生きています。そのため、競争に勝つために何らかの意味で自分が優れていることを証明しようとし、いわば人前で背伸びをし、自分を大きく見せようとしなければなりません。しかし、もしも、そのような人がこの人の前では背伸びはしなくていいのだと思えたら、楽になりますし、そう思わせてくれる人のことを好きになるでしょう。

いつも上機嫌でいよう

いつも気分が安定していて、大体において機嫌のいい人、そのような人と一緒にいると、楽しくなりますし、そんな人の前では自分をよく見せようと思わなくてすみます。

反対に、人前では機嫌がよく、愛想もいいのに、親しい人の前では不機嫌になるという人がいます。そのような人は、家の外では友好的なのに、家に帰ると横暴な態度を取ります。

これは甘えです。人前で機嫌よくいられるのなら、親しい人の前でもそうあるべきだと思います。怒りと同様、機嫌も自分ではどうすることもできないものではありません。その時々の状況に合わせて、上機嫌になるか、不機嫌になるかを自分で決めているのです。状況によって態度を変える人は、不機嫌でいる時にまわりの人が腫れ物に触るように接するのを見て、不機嫌でいればまわりの人を支配できることを幼い頃に学んだのであり、今も機嫌によって人を支配できると思っているのです。

パートナーと一緒にいる時に不機嫌になる人は、相手に甘えてはいけません。仕事で人と会う時には機嫌よくふるまえるのであれば(もちろん、そうでないと仕事にはなりません)、パートナーにも同じようにふるまえるはずです。どうしても機嫌よくふるまえない時には、仕事でもう一人、顧客と会うのだと思って、パートナーに接すればいいのです。

逆に自分のパートナーが不機嫌である時には、彼や彼女は私の前では気を許して、気を緩めているのだと見ることができます。そうすれば、多少の不機嫌は大目に見ることができます。

自信を持てば嫉妬しなくなる

最初の頃は、二人とも上機嫌で過ごせたのに、いつの間にか機嫌が悪くなったり、ついには喧嘩をすることが日常的になることがあります。そうなるきっかけの一つに、嫉妬があります。嫉妬のどこが問題かは先に考えました。嫉妬をしないためには端的にいえば自信を持つことです。自分が愛する人が他の人に好意を持っているとしても、他の人が自分の愛する人に好意を持っていても、自信がある人はびくともしません。

自信を持つというのは、三木清の言葉を使うならば「自分を個性として理解すること」です。さらに三木は続けて「個性的な人間ほど嫉妬的でない」といっています（『人生論ノート』）。

自分は自分であって、他の人と比べようがありません。

先にも見たように、失恋の苦しみは、私でなくてもよかったのだということを思い知らされることです。しかし、相手が他の誰にも代えることができない自分の「個性」を愛していると思えれば、嫉妬などしないですみますし、自信を持って接すれば、相手が他の人に気持ちを移すことはないでしょう。

それなのに、いつか愛されなくなるのではないかと恐れる人は、相手の気持ちが自分から少しでも離れていく兆候を見つけ出しては、強い態度に出て、相手を責めてしまうことがあります。そのようなことをすれば、いよいよ相手は離れていこうとするでしょう。相手が自分から離れていくことを望まないのであれば、嫉妬してはいけないのです。そのためにも自信を持つことが大切です。自信がない人は、相手が離れていけば、やはり自分は愛されないのだと妙に納得してしまいます。

自信を持つためには、自分の個性をまず自分が認め、それを受け入れることが出発点です。

目の前にいる人と付き合おう

それでも、相手の関心が自分ではない他の誰かに向かってしまうということはあります。

そのようなことが起こったら、これから自分はどうしたいのかを考えるしかありません。関係を続けたいのであれば、相手が関心を移した他の人のことは考えず、とにかく目の前にいる人と付き合うという決心をする必要があります。

相手が自分を選んでくれるかどうかは、あなたが決めることはできません。

三角形をイメージしてください。男女の恋愛、男性が女性から離れようとする場合を例にして考えましょう。この場合、あなたが関わることができるのは、あなたと彼との関係だけです。もしもあなたが、彼が関心を移した女性と付き合いがあれば、あなたとその女性との関係にも関わることができます。しかし、彼とその人との関係には接点がないので、そこに関しては残念ながらあなたにはどうすることもできません。

相手の女性に会って、「別れてください」ということも実際には難しいでしょう。あなたができることは、彼と彼女との関係には関わりなく、彼との関係をよくすることです。

相手の心変わりを責めてみても、「私だけを見て」とすごんでみても、愛は強制できません。そのようにして自分が正しいことを証明してみても、相手があなたから離れていけば元も子もありません。

今も相手とともに過ごせる時があるのなら、相手を責める人は、今一緒にいる、その大切な時をふいにしているのです。その大切な時にいがみ合っていると、せっかく二人でいるのに、そこに別の人もいるかのようです。

第一章で早期回想を見た男性のように、実際にはライバルなどいないのに、現実には存在しないライバルを想像し、その人に敵愾心《てきがいしん》を燃え上がらせて嫉妬しているだけということもあるでしょう。

今一緒にいられるのであれば、現実の、あるいは、仮想のライバルのことなど考えずに、目の前にいる人との関係をよくする努力をすることが大切です。そこで彼があなたといる時の方が自分をよく見せようとしなくてもよく、楽だと思ってくれれば、きっと彼はあなたを選ぶでしょう。

相手が自分を選ぶかどうかは、相手が決めることで自分には決めることはできないのですから、自分ができること、つまり、共にいられる時間を大切にすることに尽力するしかないのです。

集中力を持つ

仮想的であれ現実的であれ、ライバルがいようといまいと、二人の関係をよくするためには、フロムの言葉でいえば「集中力」が必要になります。

「集中するとは、いまここで、全身で現在を生きることである」（『愛するということ』）

フロムは、「いうまでもなく、いちばん集中力を身につけなければならないのは、愛しあっている者たちだ」（前掲書）といいます。一緒にいられるのに、他の人や事に関心を奪われていては、集中しているとはいえません。

この集中力は、一人でいる時にも必要です。

「集中できるということは、一人きりでいられるということであり、一人でいられるようになることは、愛することができるようになるための一つの必須条件である」（前掲書）

一人ではいられない、離れていたら不安になるというのは依存関係であり、自立した愛の関係ではありません。一人きりでいることができないという人もいるでしょう。フロムもいっているのですが、一人でいるとそわそわし落ち着かなくなったり、不安を覚えたりします。

しかし、一人で過ごすことができる、一人でいても不安にならない。そんな人だけが、二人でいる時間を楽しむことができるのです。一人でいる時でも集中できる人であれば、二人でいる時にも、一人でいる時のように、「今ここ」に集中できるからです。

「今ここ」を生きる

学生の頃、喫茶店に入って席に着くや否や、それぞれ別のコミックを読み始めるカップルを見て驚いたことがありました。今でいうなら、二人がそれぞれスマートフォンで別の人とメールのやり取りをしているのと同じです。村上春樹の『村上ラヂオ』に次のような話があります。

アルマ・コーガンという英国のポップ歌手がいた。（中略）この人は「ポケット・トランジスタ」という歌を歌い、日本でもヒットした。歌詞の内容は「彼が毎晩会いにきてくれるのは、私のもっている小さなトランジスタ・ラジオで、ヒットパレードを聴くためなの」というものだった。結局、二人は結婚し、「年とっても一緒に音楽を聴いていようね」ということになる。

トランジスタ・ラジオといってもピンとこない若い人が多いかもしれませんが、トランジスタ・ラジオというのは、まだ据え置き型の大きなラジオが一般的な時代に登場した、どこにでも持っていけるポケットサイズのラジオのことです。この歌の彼女は「彼が会いにくるのはラジオを聴くためだ」といっていますが、彼が会いにくるのは、もちろん、ラジオを聴くためではなく、二人で時間を共有するためです。

今は関係がうまくいっていないカップルであっても、付き合い始めた最初の頃は、どんな話をしても、また何も話さなくても、ただ一緒にいられることが喜びだったはずです。今、関係がうまくいっていなくても、その頃の、ただ会って同じ時間を共有する喜びを取り戻すことができれば、いつまでも一緒にいることができるはずです。

ではそのためには、一体どのような会話をすればよいのでしょうか。

本当は何の話をしてもいいのですが、避けた方が望ましい話題がないわけではありません。例えば、今の相手以前に付き合っていた人の話は、特に必要がなければ話題にしないほうが賢明です。前に付き合っていた人のことを話題にしたがる人はいますが、聞きたくなければ、その話はやめてほしいというべきです。

それよりも、話をするのであれば、今の二人の話をしましょう。先ほどの集中力の話に繋がりますが、大事なのは「今ここ」で二人が一緒にいるという事実を大切にすることです。せっかく「今ここ」に一緒にいられるのに、今ここではない過去の話をしてしまうのは勿体無いと思います。これからどうするかという話も、一緒にいる時にはしなくていいくらいです。

関係が長く続くことは、目標ではなく結果です。これまであったいろいろなことや、これから先のことを考える必要もないくらい、「今ここ」を二人が生き切ることができれば、二人の関係はこれからも続いていくでしょう。

付き合い始めたばかりの二人であれば、まだ知り合ってそれほど月日が経っていないので過去はまだあまりないでしょうが、過去のことを事細かに覚えていて、あの時あなたはこういったということを持ち出すのも、二人の関係をよくしたいのであれば得策ではありません。

いつまでも過去に執着する人にはにわかに信じがたいことかもしれませんが、過ぎ去ったあれやこれやの出来事を忘れることができれば、あるいは、忘れることができる時にだけ、「今ここ」に集中することができるのです。

もちろん、「今ここ」を生きるといっても、共に過ごし経験したことの記憶が、指の間から次々とこぼれ落ちていくというわけではありません。

むしろ、本当に一刻一刻の「今ここ」を集中して過ごすことができていれは、その日の最初から別れる時までに二人で話したことを、もしもその気になれば、すべて思い出せるはずです。それが可能なのは、共に過ごした時間が「生きられる時間」であり、喜びを伴ったものだからです。

病気や怪我で日常の生活が不意に送れなくなることがあります。そんな時は、どこにも行けなくても、ただ一緒にいられることが喜びに感じられます。

もちろん、病気にはなりたくありませんし、わざわざ病気になる必要もありませんが、一緒にいられることは決して当たり前のことではないことに気がつくという経験は、二人の関係をよくすることでしょう。

遠距離恋愛を続けるには

「今ここ」に一緒にいられることを喜べる二人の関係が（結果として）長続きするということを見ました。しかし、一緒にいられることを当然だとは思わず、共にいられることを喜んでいる二人の関係が、うまくいかなくなることがあります。遠距離恋愛の場合です。

遠距離恋愛をしている人は、いつでも会おうと思えば会えるわけではありません。それだけに、一緒に過ごせることを喜びとして感じられるはずですが、意外にも、どうすれば遠距離恋愛がうまくいくかという質問を受けることは多いです。

離れて暮らすことになった最初の頃は、遠く離れていても電話をしたり、メールをしたりして、会えない時も近くに暮らしているのと変わらない関係を築く努力をします。実際会う努力もしますが、仕事が忙しいと、最初の頃とは違って会うのも間遠になってきます。

もちろん、それは離れていても大丈夫だという安心感からのことでもあるのでしょうが、やがてどちらかが、あるいはお互いが、なかなか会えないことを不満に感じ始めます。

そうなると、会った時にも久しぶりの逢瀬を喜ぶというよりも、いつになったら一緒に住めるようになるのかという話ばかりになります。しかし、現実にはなかなか同居や結婚に踏み切ることはできません。どちらかが仕事を辞めなければならないというような場合は特にそうなります。こうして、二人の気持ちはどんどんすれ違っていきます。

遠距離恋愛だから関係がうまくいかないといえることは、ある意味では、二人にとってはありがたいことです。なぜなら、もしも今後二人が離れて暮らさなくてもよくなれば、関係がうまくいかなくなった時、遠距離恋愛であることを理由にできなくなるからです。

たしかに、遠距離恋愛は難しいといわれています。普通のカップルのように、会いたい時にいつでも会うことができないからです。しかし、二人の関係がうまくいかなくなったとすれば、それは本当は二人が離れて暮らしていることが原因なのではありません。実際には、「遠距離」であることを関係がうまくいかないことの理由にしているだけなのです。

遠距離恋愛が難しいのではなく、関係がうまくいかない理由を遠距離恋愛のせいにしているだけということです。

遠距離であろうとなかろうと、会える時はその時を楽しみ、次に会う時のことを考えないことが大切です。満ち足りた時間を過ごし、完全燃焼できた二人は次に会う約束をすることを忘れます。そんなふうに過ごせた二人は、「次」を求める必要がないので、結果として「次」があります。

他方、不完全燃焼で終わった二人は、その日の不充足感を取り戻そうとします。約束しないで別れてしまったら、もう二度と次に会えないとまで思い込んで、次に会う約束を取り付けようと思うのですが、そのような二人に次は訪れないのです。

恋愛に限りませんが、二人の関係を考える時には、これから私たちはどこへ行こうとしているかという目標が一致している必要があります。学生時代はこれからの目標を考えなくても何の問題もないかもしれませんが、卒業後、一人が今住んでいる場所に残って仕事をするといい、もう一人が故郷に戻るといったら、これからどうするのかを決めなければなりません。

このようなことを決める時には二人の間に一時的に摩擦が生じることもありますが、二人が乗り越えるべき問題を協力して解決しようとすることは、二人の絆を強めこそすれ、弱めることはありません。

初めて会うのだと考えてみる

付き合いが長くなると、言葉遣いが丁寧ではなくなったり、相手に対する甘えが生じることがあります。しかし、付き合いが長くなったからといって、付き合い始めの頃と同じような気持ちでいることができないわけではありません。

最初の頃の気持ちを忘れないためには、決して慣れてはいけないのです。いつもこの人と会うのは今日が初めてなのだと思って一日を始めてみましょう。それくらい今に集中したいのです。前の日に、相手に嫌なことをいわれたかもしれません。しかし、だからといって今日も目の前にいるこの人が嫌なことをいうとは限りません。そう思って初めて会う人のようにその日を始めるのです。

人は常に変わり続けます。目の前にいる人が、昨日と同じ人であることはありえません。しかし、この人は昨日とは違う人かもしれないと思って接しなければ、相手が変わっていても気づくことはできないでしょう。相手もその変化に気づいていないかもしれません。しかし、こちらが注意していれば気づくことができます。

この人と会うのは今日が初めてなのだと毎回思えるようになれば、二人が過ごす時間は生きられる時間になります。今日は昨日の繰り返しではなく、明日は今日の延長ではありません。

そんなことは無理だと思う人もいるでしょうが、関係をよくするためにはこれくらいの努力はしてもいいでしょう。愛は流れです。不断に愛を更新する努力は、喜びであるはずです。

「父と母」ではなかった頃へ戻る

この人と会うのは今日が初めてなのだと思うことで、最初の頃の気持ちを維持することは、子どもがいると難しいと思う人はいるでしょう。

子どもが生まれると、お互いのことを「お父さん」「お母さん」と呼ぶようになることがあります。これは、子どもを軸に相手を見るようになるからです。そうなると、この人と会うのは今日が初めてなのだと思うのは難しいでしょう。

知り合った最初の頃の気持ちを取り戻すためには、まず、お互いのことを「お父さん」「お母さん」と呼ぶのをやめ、子どもが生まれる前と同じような呼び名で相手を呼ぶことから始めます。

次に、誰かに子どもを預かってもらうなどして、子どもを連れないで、二人でいる時間を持ってみましょう。その際には、子どものことを話題にしてはいけません。店頭で「あの服はあの子に似合うね」というなどして、いわば心理的に子どもを連れていかないことも大切です。

そのようにすることで、結婚する前、あるいは、結婚した最初の頃に戻ることができます。結婚はイベントではなく生活であると前に見ましたが、時にはイベントを楽しむことが、閉塞した結婚生活の突破口になることがあるのです。

関係をよくしようと思うのであれば、過去に執着しないことが大切です。晩年の私の父は、認知症のせいで、今し方いったこともしたことも忘れるようになりました。その父がある日、こういったのです。「忘れてしまったことは仕方がない。できるものなら一からやり直したい」。過去には父といろいろと揉め事がありましたが、いつまでも忘れないのは、関係をよくしたくないからだということに思い当たりました。過去を手放すことが関係をよくするコツであることを父から学ぶことができました。

長く付き合ったり、結婚したりしていると当然関係は変化していきますが、二人の間に問題が起きた時には、いつまでも目をそこに向けるのをやめ、一からやり直す決心をすれば関係をよくすることができます。

驚きを忘れない

そのためには、驚きを忘れないようにしなければなりません。恋愛は驚きから始まるということを先に見ましたが、長く一緒に暮らしていると、この驚きがなくなってしまうことがあります。

長く一緒にいると、言葉にしなくても互いに相手の考えていることがわかるような気持ちになることがあります。そういった意味では、驚きがなくなることが必ずしも悪いとは思いません。本当に何もいわなくても自分が何を感じ、何を思っているかが相手に完全に伝わるのであれば、その関係はすばらしいものだといえます。

しかし、実際にはそういうことはありえません。だからこそ、きちんと言葉で伝えていくこと、相手の心を勝手に読まないことが大切になってくるのです。付き合い始めの頃、一緒にいると互いに驚くことが多々あったのは、相手が自分とは違うことを知っていたからです。仲良くしたいと思っていたので、相手を知る努力もしていたはずです。

反対にいえば、驚きがなくなったということは、相手と自分が同じであると思うようになったということであり、相手を知ろうとする努力も関係を改善する努力もしなくなったということです。

しかし、驚きがなければ、一緒にいても面白くはなくなるでしょう。相手の言動が気にかかり、相手にかける言葉を慎重に選ぶ努力をし、自分とは違う相手の感じ方、見方を知る度に驚いていた、知り合った最初の頃に戻してみたいのです。そうすることで、何年一緒にいてもその頃のような関係を維持することができるはずです。

仮面を外す

知り合った最初の頃のような驚きを取り戻すためには、互いに仮面を外す必要がありま す。仮面はラテン語では「ペルソナ」といいます。英語のパーソン（人）はこのペルソナが語源です。人は皆、仮面を被って生きているということです。

この仮面を外すことには非常に勇気がいります。何かの役割を生きるのであれば、その役割に期待されていることがはっきりしているのですが、役割を生きるのではなく、つまり仮面を外して一人の人間として生きようとすれば、たちまちどうしていいかわからなくなるからです。

父の介護をしていた時にお世話になっていた訪問看護師さんが、「訪問先でひどいことをいわれても、白衣を着ている間は我慢できる」といっていたのを覚えています。

たしかにその通りなのですが、看護師さんは白衣を脱げるけれども、仕事ではなく介護をしている家族は白衣を脱ぐことができません。仕事の関係でつける仮面とは異なり、夫婦や家族が相手の場合には、相手との関係がよくなくても、時間を切って仮面を外すわけにはいきません。

ですから、家族や恋人と接する時には仮面を外す、あるいは、もともと仮面を被っていないと考えて、役割としてではなく、一人の人間として直《じか》に付き合っていくしかないと思います。

いつか父が私に「お前がしているカウンセリングを受けたい」といったことがありました。本来、家族同士は利害関係があるので、カウンセリングをすることは難しいのです。利害関係があると、適切な助言をしても、家族同士であれば、自分に都合のいいことをいっているのではないかと疑われ、助言が受け入れられないことがあるからです。

それでも、父が申し出た以上断ることもないと思って、父と時々会って話すようになりました。その時、父と私は仮面を外し、人間として話すことができました。おかげで、それまでよくなかった父との関係が近くなったと感じることができました。

夫婦も同じです。夫婦という仮面を外すことで、長い人生の中でよく知っていたと思っていた相手の中に、違う面が見えてきます。そうすれば、知り合った頃のように、日々の生活は再び驚きに満ちたものになるでしょう。

ありのままのあなたを尊敬する

恋愛も結婚もよい関係であればこそ、幸福を感じることができます。よい関係を築くため、具体的にはどのようであればよいといえるのか、よい関係であるといえる条件にどういうものがあるかを見てみましょう。

まず尊敬です。尊敬は英語ではrespectといいますが、その語源となるラテン語のrespicioには「見る」という意味があります。

フロムは尊敬とは「人間のありのままの姿を見て、その人が唯一無二の存在であることを知る能力のことである」といっています（『愛するということ』）。

相手を重んじる理由がある時に重んじるのが尊敬ではありません。人を愛する時に、理由はいりません。誰かを好きになるのは、好きになるだけの理由があるからだといいたい人もいるでしょうが、前にも見たように、相手を好きになった理由は、相手と別れる理由にもなります。

相手の外見、容色を好きになったことの理由にあげる人は、その容色が歳をとると衰えていくことを覚悟していなければなりません。老いれば容色は失われますし、若くても、病気や事故などで容色が損なわれることもありえます。

条件で相手を選ぶ人は、学歴や収入などの好い条件と思われていることを持っている人を好きになるかもしれません。相手を尊敬する人は唯一無二の相手を愛するのですから、条件を愛するのではありません。

さらにフロムは、尊敬とは「愛する人が、私のためにではなく、その人自身のために、その人なりのやり方で、成長していってほしいと願う」ことであるともいっています。

自分にしか関心がない人は、愛する人には自分の願うように成長してほしいと思うでしょう。しかし、これは相手を「私の自由になるような一個の対象」（前掲書）として見ているということです。たとえ愛する人であっても、相手は自分の期待を満たすために生きているわけではありません。

問題があろうがなかろうが、病気であろうが、私の理想と違おうが、私の大事なこの人と思って付き合おうと日々決心することが「尊敬」であり、その決心をまず自分が先にしなければならないのです。

無条件で信じる

二人の関係がよいといえるための条件の二つ目は「信頼」です。

相手に疑うだけの事実があれば、どうしてもそこを突きたくなります。しかし、「嘘をついているでしょう」というような言い方をして追い詰めた結果、相手が離れていけば元も子もありません。

男性に決していわせてはいけない言葉があるという話を学生によくします。

「お前は俺のことが信じられないのか」という言葉です。

なぜ彼がそのようなことをいうかといえば、これをいえば自分を疑う人よりも優位に立つことができるからです。相手の指摘が当たっていなくても、あるいは当たっていればなおさら強気になります。

対人関係においては、信じる根拠がある時にだけ信じるのではなく、無条件で信じる、あるいは、信じる根拠がない時にこそ信じることが必要です。毎回テストの前に勉強をせず、いい成績を取れない子どもが「次は頑張る」といっても、親はそれを信じることができません。毎回ダイエットに失敗する友人が「明日からダイエットする」といったところで、「そんな話は聞き飽きた」と皮肉をいいたくなります。しかし、そういう時こそ、「頑張ってね」といいたいのです。

「あなたのことを信じていたのに」という人は、実は、初めから信じてはいなかったのです。どんな時にもいささかも疑うことなく信じる人がいれば、その人を裏切り続けることはできません。ですから、よい関係でいたいと願うのであれば、どんな場合にも相手を信じるしかありません。

課題解決能力があると信じる

信頼するという時、相手の何を信じるのでしょうか。

一つは、相手には課題解決能力があると信じるということです。できないだろうと決めてかからないということです。

付き合っていても、結婚していても、相手にしか解決できない問題があります。例えば、相手が「仕事を辞めたい」と言い出したら、大抵、パニックになるでしょうが、仕事を続けるか辞めるかは、基本的には相手が決めることなので、仕事を辞めては駄目ということはできません。もちろん、仕事を辞める、あるいは仕事を変えるということは、二人の生活のあり方を変えることになるので、話し合いをしなければなりませんが、どうするかは基本的には相手が決めることであることを知っていなければなりません。口を挟んでしまうのは、相手を信頼できていないからです。

相手に解決能力があると信じるということは、相手が苦境に陥った時に何とかしなくてはと思わないということでもあります。実際、何もできないことがあります。

例えば、相手が病気になった時、闘病するのを見るのはつらいものです。しかし、だからといって、相手の人生を代わりに生きることはできません。できることはないけれど、相手が自分の課題に向き合う勇気を持っていると信頼することが必要です。たとえ病気が不治であっても、自分の運命を受け入れることができると信頼したいのです。

よい意図を見る

もう一つは、相手の言動にはよい意図があると信じることです。悪意としか思えないことをされたとしても、それでも関係をよくしたいと思うのであれば、相手の言動によい意図を見つける努力をしなければなりません。

どんな対人関係においても、相手は自分を陥れようとしているのではないかと思っていると、たとえ表面上の関係がよくても、相手の言動の中によい意図を見出すことは難しくなります。この人は敵か味方かといつも疑心暗鬼になってしまうのです。

反対に、他の人は必要があれば自分を援助しようとしている人であると思え、自分もまた他の人に対して何かできることがあれば力になりたいと思える時には、相手の言動によい意図を見出すことは容易です。そのように思える人をアドラーは「仲間」(Mitmenschen)といっています。これは「自分と結びついている人」という意味です。先に見た「敵」(Gegenmenschen)は、これとは反対に「対立している人」という意味です。

相手のよい意図を見ることは難しく思えるかもしれませんが、相手の言動にはよい意図があると信じることができれば、その証拠はいくらでも見つけることができます。そうして、よい意図が見えると、相手との関係はよくなります。

愛している人同士であれば、相手を「仲間」と見ていないということはありえないでしょうが、長く付き合っている間に、また結婚して何年も経つうちに、相手の言動をすべて受け入れることができなくなり、それどころか相手を「敵」と見なすようになることもあります。

しかし、仲間と思えるからこそ、相手に関心を持てるのであり、さらには貢献し、協力しようと思えるのですから、何とかして相手を「敵」ではなく「仲間」だと思えなければなりません。

関係がよくないと思えることがあっても、意識して見つける努力をするとよい意図が見えてきますし、見えれば関係も違って見えてきます。

協力して幸福になる

二人の関係がよいといえるためには、相手を尊敬し、信頼することが必要であることを見ました。三つ目は、協力することです。アドラーは愛と結婚を次のように定義しています。

「愛と結婚は人間の協力にとって本質的である。その協力は二人の幸福のための協力であるだけでなく、人類の幸福のための協力でもある」(『人生の意味の心理学』)

ここで、アドラーが「協力」という言葉を使っていることに注目できます。この協力は、意識的に訓練しなければできません。

しかし、協力といっても、できることとできないことがあります。親子関係を例にすれば、親は、子どもの知識と経験が十分でないうちは一生懸命子どもの世話をします。ところが、子どもが成長し、大抵のことを自力でできるようになったにもかかわらず、子どもが自分でできること、しなければならないことにも手出し、口出ししてしまいます。

愛し合う二人の関係の場合にも、この親子関係と同じようなことが起こります。人は何でも自力でできるわけではありませんから、援助され、自分も他の人の援助をしなければなりません。しかし、他の人ができることについても手助けしようとするのは、援助ではなく介入でしかありませんし、そうするのは相手のためというよりは、相手を自分の思うようにさせたい、自分が相手より優位に立ちたいからであり、相手の課題に介入する人は、相手に自分の課題を解決する能力があると信じていないのです。

結婚する時に女性に対して「守る」とか、「幸せにする」という男性がいますが、二人が力を合わせて幸福になる努力をするのであって、どちらかが相手を幸福にする、あるいは幸福にしてもらうという発想は、二人が対等であると考えているカップルからは決して出てこないでしょう。

協力できているかどうかの見極め

アドラーがドイツのある地方では、次のようなことが行われていることを報告しています（『人生の意味の心理学』『個人心理学講義』）。婚約した二人が結婚に準備ができているかを知るために、その地方では結婚式の前に、二人を木が切り倒された空き地へ連れていきます。そこで、二人には、取手がついた二人用の鋸《のこぎり》が渡されます。そして、それぞれが一方を持ち、親戚一同がまわりで見守る中、木の切り株を切るのです。

二人が鋸をどのように引くかを見れば、二人がどれほど互いに協力しようとしているかがわかります。

もしも二人の間に信頼関係がなければ、互いに逆らって引っ張るでしょう。そうすれば少しも木は切れません。また、もしも二人のうちの一人がリードし、すべてを自分だけでしたいと考えれば、仕事は倍の時間がかかることになります。そのようにならないためには、二人が共にイニシアチブを取り、相手の動きに合わせて力を加減しなければなりません。二人が結婚に適しているかは、どのようにこの作業に取り組むかを見ればわかるのです。

しかし、二人が鋸を引くのは結婚式の当日ですから、もしもその日に二人が協力できないことがわかったらどうするのでしょうね。

対人関係のトラブルは、他人の課題にいわば土足で踏み込んだり、踏み込まれたりすることから起こります。とはいえ、何でも自力でできるわけではありません。自分でできないことは他者に協力を求めなければなりませんし、自分もまたできるだけのことをしなければなりません。

黙っていても援助を必要としていることは伝わらないので、きちんと言葉でいわなければなりません。協力したいと思う時も、「何か私にできることある？」というようにたずねるといいでしょう。このような手続きを踏まないと、関係を悪くすることがあります。

恋愛や結婚生活において出会う問題はどれも難しいものです。とりわけ、結婚するとなると、相手との関係だけでなく、相手の親や親戚とも付き合っていかなければなりません。子どもが生まれると、子育てが大変であることに驚くことになります。

そんな時でも、直面する問題の解決に向けて二人が協力することができれば、二人の関係はよいといえます。

目標を一致させる

また、二人の関係がよいといえるためには、目標が一致していなければなりません。いつも協力して問題を解決している二人でも、これからどう生きていくのかという目標が一致していなければ、よい関係を築くことはできませんし、二人が直面する問題を解決することができません。

この目標は未来についてのことでなければならないわけではありません。今ここを生きるということも目標になりますし、目標を決めないでおこうということも目標にすることができます。

若い人たちには人生の岐路がたくさん待ち受けています。そしてその都度、これからどうするのか決めなければなりません。例えば、二人が学校を卒業した後、どこで仕事をするのか、どこに住むのかというようなことを決めなければなりません。

この人と一緒に生きていきたい。しかしそのためには夢を諦めなければならない。私の野心を捨ててもいいのか、そもそも捨てられるのか。相手をどれほど愛していても譲れない生き方があるのではないか。また、今の相手でなくても、他にも私の人生のパートナーにふさわしい人がいるのではないか……。迷いはいくらでも起こります。

人生の大きな決断を前にして、一体、これから先どうなるのだろう、そんな不安が二人の関係に影を落とすことになります。しかし、二人の目標が一致していれば、その目標をめざしてどうしていくべきかを協力して考えることができます。

結婚する相手は年収が高く、かつ家族も大切にする人がいいという人がいます。これは相手へのなかなか両立し難い期待です。年収が高い人は家に早く帰ってくることはないでしょうし、家族を大切にしようとする人が会社で昇進することは難しいかもしれないからです。どちらがいいということではありません。結婚する二人がこれからの人生の目標を決めていけばいいのです。

目標は一度決めたら、必ず達成しなければならないわけではありませんし、達成できないことが明らかになることもあります。二人を取り巻く状況の変化と共に、目標を確認し、必要があれば修正すればいいのです。

セックスとコミュニケーション

さて、最後に愛の方法としてセックスの問題を考えたいと思います。

アドラーは、「愛と結婚は人間の協力にとって本質的である」といっているすぐ前で、次のようにいっています。

「愛と、結婚における協力の成就は、身体的に引きつけられること、交際、子どもを生む決心において表される異性のパートナーへのもっとも親密な献身である」(『人生の意味の心理学』)

愛と結婚において協力を成就するためには、パートナーに親密に献身することが重要であるといっている箇所ですが、アドラーがその献身の一つとして、身体的に引きつけられることをあげている点が私の注目を引きました。

第一章でも見た通り、愛の関係も、基本的には他の仕事や交友の関係と同じです。もしも友人との関係がうまくいかない人がいるとすれば、その人の対人関係の築き方にどこか改善すべき点があるに違いありません。職場で尊敬されている上司が、家庭では子どもたちに疎まれているというようなことは本来的にはないはずです。他の対人関係ではうまくいっていない人が、愛の関係ではうまくいくということは考えられません。

しかし、愛の関係は他の関係と基本的には同じ対人関係ではありますが、第一章で見たような、距離と持続性の点だけでなく、身体的に引きつけられるという点においても異なります。

アドラーが、身体的に引きつけられることを他の対人関係と区別する点だと考えたのは、「人類の生命を保持する唯一の方法」として生殖を重視していたからですが（前掲書）、今日、男女間であっても、子どもを生むためだけにセックスをするということはないでしょう。では何のためかといえば、端的にいえば、コミュニケーションのためです。

しかも、この親密なコミュニケーションにおいては、二人の関係のあり方が、他のどの場面におけるよりもはっきりと現れるのです。

孤独な人はセックスによっても孤独であることから免れることはないでしょう。もともと二人の関係がよくなければ、セックスが二人の関係を深化することはなく、セックスの場面においてだけ関係がよくなるはずもなく、それどころか、二人の関係がよくないことがより明確になります。

二人が普段からよい関係を築けていなければ、セックスにおいても満足を得ることはできません。つまり、セックスは狭義の性行為ではなく、例えば、（家庭によって違いますが）一方が仕事から帰宅した際に「ただいま」といい、もう一方が「おかえり」というところから既に始まっているのです。親密なコミュニケーションは、その後の行為に先行するものとして意味があるのではなく、それ自体が既にセックスそのものであるといっていいのです。

そのように考えると、自分が孤独であることから免れようと思いセックスを求める人は、セックスをコミュニケーションとして捉えていないといえます。そのような人はコミュニケーションに絶対必要な協力・尊敬・信頼のことなど考えず、ただ自分の満足のためだけに相手を利用しているのです。そのような関係は長続きしないでしょう。

太宰治に「満願」という短編があります。

主人公である「私」は、近所の医院に散歩の途中に新聞を読みに行くことを日課にしています。そうすると、いつのまにか医院にくる人たちの顔を覚えてしまいます。

その中に、毎朝病気の夫のために薬をとりにくる若い女の人がいました。清楚《せいそ》な感じのその人は、よく医師と診察室で笑いあっていて、ときたま帰り際、わざわざ玄関まで送りに出てきた医師に「もうすこしのご辛抱ですよ」と声をかけられています。彼女の夫は三年前から結核で養生していて、妻の懸命の看護でよくなってきているのですが、医師は心を鬼にして「言外に意味をふくめて」叱咤《しった》するのです。

春が過ぎて夏がきました。ある日、ふと彼が新聞から目を上げると、垣根の向こう、野の道を白い傘がくるくるまわりながら遠ざかっていくのが見えました。

「ふと顔をあげると、すぐ眼のまえの小道を、簡単服を着た清潔な姿が、さっさっと飛ぶようにして歩いていった。白いパラソルをくるくるっとまわした」

あの女性です。どうしたのだろうと思っていると、医師の夫人が彼にこう囁《ささや》きました。

「けさ、おゆるしが出たのよ」

これが「満願」です。夫の方も彼女と同じように、この日のくるのを待ち望んでいるような、そんな二人だったらすてきだろうと私はこの太宰の短編を読んで思いました。よい関係が築けている二人にとってセックスは必須のものではないでしょう。セックスはコミュニケーションの一つの方法であり、二人はそれに頼らずともよい関係が築けています。しかし、医師から「おゆるし」が出たことにより、二人はいよいよよい関係を築くことができたでしょう。

性的な魅力を感じなくなったら

「アドラー心理学を学ぶと誰とでも結婚できますね」といっていた大学生がいました。誰かとよい関係を築くという決心をし、そのための方法を学べば、たしかに結婚しようと思えるほどよい関係を築けるというのは本当ですが、やはり誰とでも結婚するというわけにはいかないことは多くの人が認めることでしょう。

それでは、他の対人関係とどこが違うのかといえば、相手に身体的に引きつけられるかどうかというところにあります。アドラーは、相手に身体的に引きつけられることが可能であるための条件として、互いに関心があるということをあげています。反対にいえば、相手に性的に引きつけられなくなったとしたら、それは相手への関心がなくなったということです。アドラーは、次のようにいっています。

「時には関心は続くが、身体的に引きつけられなくなったのだと考える人がいる。これは本当ではない。時には口は嘘をつく。あるいは、心は理解しない。しかし身体の機能は常に真理を語る。もしも機能に欠陥があれば、これら二人の人の間に真の合意がないことになる。互いへの関心を失ったのである」(『人生の意味の心理学』)

これはインポテンツや不感症について説明している箇所です。アドラーは、震えたり、赤くなったり、青くなったり、心臓がドキドキするという形で、感情が身体に表れることがあることから、心と身体は一体のものだと考えています。心臓、胃、排泄器官、生殖器官などの器官は、それぞれの器官がもっとも得意とする言語を使って、人がどこかへ向かおうとしていれば、それを支援し、退こうとすれば、その退却を後押しします。アドラーはこれを「臓器言語」という言葉で説明しています。

生殖器官を使った言語が不感症やインポテンツです。こうした症状を出す人は、これらの症状によってセックスを拒否しようとしているのです。何の理由もなく拒否するわけにはいかないと思う人は、症状があれば相手が断念すると考えるのです。理由があって断れば相手が傷つかないだろうと考えるのですが、もちろん、症状があるからといって相手が納得するか、傷つかないかはわかりません。

相手に性的な魅力を感じなくなったから、好きではなくなったという人がいますが、その場合、相手への関心を失ったことを正当化するために、相手に性的に引きつけられなくなったことを理由として持ち出しているだけだというのが本当です。

もしも二人の間に性的なトラブルが生じたとすれば、それは相手への関心がなくなり、二人の関係が友好的で協力的な対等の関係ではなくなったからです。二人が対等な関係であれば、こうした困難は回避することはできます。先に見たように、セックスはコミュニケーションなのですから、それが普段の生活の中でうまくいっていなければ、セックスだけがうまくいくはずはありません。

こういうと極論に聞こえるかもしれませんが、セックスをコミュニケーションと捉えれば、言葉による交わりこそ大事なのですから、身体的接触は二人が親密であると感じられるための補助的な手段でしかないともいえます。

病気になったり、高齢になったりすると狭義のセックスはできなくなるでしょう。しかし、その時でも、相手をいたわる気持ちが失せることなく、互いを近く感じられるとすれば、それは二人がただ身体の接触によってのみ結びついてきたわけではないということです。

そういう気持ちになれることも、相手に身体的に引きつけられてきたことの意味であるように思います。

別れる時

恋愛について書く時に、別れについて書いていいものか迷ってしまいますが、生涯一度しか恋愛をしないという人は少ないでしょうし、次の恋愛に向けて、別れの経験をどう乗り切るかは考えておくといいでしょう。

さもなければ、また同じ失敗をすることになるということもありますが、別れることがそれ自体として大きなショックを与えるので、別れ方を誤ると二度と恋愛はしないと決心することにもなりかねないからです。

taperという英語があります。これは、細い小さなロウソクのことで、動詞としては

「先細りにする」とか「次第に減らす」というような意味があります。

薬を服用している場合、薬の種類によっては服薬の必要がなくなってもいきなりやめるわけにはいかないことがあります。やめた途端に強い副作用が出ることがあるからです。そのような場合、薬をtaperしないといけません。一回一回の薬の服用量を減らす、あるいは、服薬の回数を減らすなどして、少しずつ薬の量を減らし、やがて離脱するのです。

失恋した場合、あるいは別れた場合も同じように、上手にtaperしていかなければ、なかなか立ち直ることはできないでしょう。

カップル（夫婦）が、この人とはもはや一緒には生きていけないと思い、別れるつもりでカウンセリングにくることがあります。そのような場合にも、一度は関係をよくする努力をしてもらいます。アドラーは、個人心理学のトレーニングを受けたカウンセラーは「離婚するべきです」とはいわないといっています（『個人心理学講義』）。

すぐ別れるという決心をしなくていいのであれば、しばらくの間まったく会わないこともいいかもしれません。たとえ喧嘩をして、もう会わないと決めていても、メールを出したり、電話をしたりすれば、会いたくなります。しかし、会えばまた同じことでもめてしまいます。長く会わなくても、意外に平気かもしれません。会わないで、連絡も取らないことが必要なこともあります。

例えば、二ヶ月、まったく連絡を取らないで過ごし、二ヶ月経った時、それでもなお会ってみたい、話したいと思えるのであれば、関係を再建する努力をしてもいいでしょう。

子育てのことでカウンセリングにくる親に、「あなたは『悪い親』ではなく『下手な親』なのです」ということがあります。どうすれば親子関係を築けるか知らなかっただけなので、その方法をこれから学べばいいのです。

二人の関係についても同じことがいえます。この本で見てきたような関係の築き方を学び実践すれば関係は必ずよくなります。結果として、やはりこの人とはやっていけないと思って二人が別れることになったとしても、その前に二人の関係を再建する努力をする価値はあります。

どうすれば関係を再建できるかについてはこれまで書いてきたので、tapering の方法について書いてみます。

大切なのは、別れる時に感情的にならないということです。なぜこの人とは一緒に生きてはいけないのか、その理由を明確に説明することはできません。人を好きになることに理由がないのと同じように、その人を嫌いになるのにも理由はありません。相手が変わったわけではなく、以前は好ましいと思えていたその人の性格が、いつの頃からか、耐え難くなるのです。

なぜそのようなことになるのかといえば、この人とは別れようと決心したからです。先ほど、別れる時には感情的にならないことが大切だといいましたが、感情的になってしまうのは、この別れる決心を後押しするためです。その決心を後押しするために、相手を嫌ったり、恨んだり、また喧嘩をしたりします。しかし、そのようなことはしなくてもいいのです。別れる時には、ただ別れるといえばいいのです。

これはちょうど、何か嫌な言い方をされて腹が立った時に、これ見よがしに大きな音を立ててドアを閉めたりしないで、「今のあなたの言い方はひどく腹が立った」と言葉でいえばいいだけなのと同じです。

もう後少し時間が経てば、かさぶたが剥がれるような状態にあるのに、わざわざそれを無理やり引き剝がすようなことをすれば、血が吹き出し、傷はいよいよ深くなってしまいます。わざわざそのようにする必要はないでしょう。

離婚についても考えておきましょう。

いつか親しそうに話をしている男女を見かけました。二人をよく知っている友人にたずねると、二人は最近離婚したばかりだというのです。夫婦としては、もはや一緒に暮らせなくなっても、友人として付き合っていくことはできます。

二人は安直な結論に走らず、別れる決心をするに至る前に何度も話し合いをしたのでしょう。それでも同じ屋根の下に暮らすことが困難になるということは、たしかにありま す。しかし、だからといって先にも見たように、怒りや憎しみの感情に頼る必要はありま せん。そのような感情は別れる決心を後押しするために必要だと考える人は多いですが、平和裡《へいわり》に別れていけないわけではありません。

離婚の場合に特に考えなければならないのは、子どもの問題です。離婚は夫婦の課題ですから、たとえ子どもが親の離婚を望まないとしても、子どもの思いを優先させる必要はありません。

それでも、親の離婚で住むところが変わるとか、姓が変わるというような場合、子どもに迷惑をかけることになりますから、子どもにも離婚のことは相談しなければなりません。

また、子どもにとっては、別れた後も父親、母親なのですから、子どもに「あのお父さんはひどい人よ」というようなことを吹き込んではいけません。

離婚後、親子が二人で暮らすことになった場合は、気をつけなければならないことがあります。

両親の考えがいつも一致しているとは限りませんし、常に一致している必要もありません。大事なのは、そこでいかに協力して考えを調整しているかです。そして子どもは、親がその考えの違いをどのように調整しているかを見ることで、話し合いで解決する方法を学びます。

ところが離婚後は、そういう場面を見ることができなくなるわけですから、何かについて決めなければならない時には、努めて子どもと話し合うことが必要になります。

なぜ人を愛するのか

誰か好きな人がいても、好きな人と一緒に暮らしていても、ただその人が好き、愛しているというだけではたちまち関係は行き詰まります。ですからここまで、どこからどう始めればいいのか、どうふるまえばいいのか、考えが一致しない時にはどうすればいいのかなどについて具体的に考えてみました。

そういう技術の話だけでよかったのにと思った人もおられるかもしれませんが、人を愛するとはどういうことなのかについてしっかりと考えていなければ、技術は人の心を操る危険なテクニックに堕してしまいます。

私は第三章の最初に、恋愛に「なぜ」はないと書きました。しかし最近は、人を愛する理由があるとすれば、それは人がいつかは死ぬからであると考えるようになりました。

「死が絶対の孤独であるとすると、生の中からはじまるこの孤独は死の予兆である」(『流れのほとりにて』)

これは先にも引いた森有正の言葉です。

人は遅かれ早かれ間違いなく死にます。しかも、たった一人で。死が絶対の孤独であるというのはそういう意味です。この孤独は生の中から始まっていると森はいうのです。

このことは、見方を変えれば、生きている時に孤独を感じなければ、死も絶対の孤独ではなくなる可能性があるということです。だから、孤独を、そして死をも克服するために人を愛するのです。

ただし、この孤独は相対的なものではなく絶対的なものですから、誰かと一緒にいたり、その人と表面的にはよい関係を築けているように見えたりしてもこの絶対的な孤独から逃れることはできません。

しかし、たとえ愛する人との関係がうまくいかなくなり喧嘩をして別れるようなことを経験しても、人と人とが本来的には繋がり結びついていると思えれば、死が絶対の孤独ではなくなることもありえます。

私たちは愛の経験を通じて何を学ぶのでしょうか。それは、人は一人では生きられず、他者との繋がりの中で生きているということです。それを知った時、愛する二人は「私」ではなく「私たち」の人生を生き始めることになるのです。

そのような人生を生き始めれば、たとえ相手がいなくなるようなことがあっても、相手との繋がりを感じ、孤独ではなくなるでしょう。たとえ、死が二人を分かつことがあってもです。

ですから、今は愛する人がいるのであれば、先のことを思って不安にならず、日々よい関係を築く努力をしましょう。そのような努力をすることが生きる喜びになるのですから。

おわりに

子どもを出産するために実家に帰ってきていた娘が、ある日、こんなことをいいました。

「結婚して、いいことしかない」

普通は、「結婚して」とか「結婚しても」という言葉の後には「いいことはない」というような否定的な言葉が続くと思うのですが、「いいことしかない」と普通の話法を覆す娘の言葉から、結婚したことの喜びが強く伝わってきました。

結婚している人も、これから結婚しようとしている人もなかなかここまで言い切れないのではないでしょうか。

若くして結婚する人がいると、まわりの人が「まだこれからもっといい人と出会うかもしれないのに結婚してしまっていいの？」というようなことをいうことがあります。

多くの場合、これは恋愛や結婚に飛び込んでいく人に対する驚きや時に妬みではないかと思うのですが、自分にはできない、愛の関係に飛び込んでいく人への羨望なのかもしれません。

恋愛や結婚は仕事や交友とは違って関係が近いので、こじれると修復は難しく、些細なことがきっかけで喧嘩になったり、同じ空間に居合わせることすらつらくなったりすることがあります。

そうなった時、相手は「対立している人」という意味での「敵」になります。敵だと思えば関係をよくしようという努力をしなくなりますから、いよいよ関係は悪くなります。ですから、恋愛や結婚という愛の課題を前にして、ためらう人、アドラーの言葉を使うならば、「足踏みしたい」人がいても不思議ではありません。「時間を止めたい」という意味です。もちろん、時間は止まりません。

反対に、相手を「結びついている人」という意味での「仲間」だと思っていても、それだけでは相手と本当に結びついているとはいえません。出会いがあればそれだけで何もかもうまくいくわけではなく、互いのことを好きだと確認しただけでも十分ではなく、その後日々変化し続ける二人の関係をよくする努力が必要です。その努力は、本文でも書いたように、二人の関係をよくするための努力なのですから、喜びのための努力といえます。

本書では関係をよくするためにはどうすればいいかということを具体的に考えてみましたが、技術の話に終始しませんでした。その理由の一つは、第四章の最後に書いたように、技術は人の心を操る危険なテクニックになりかねないからというものです。

本書が「愛される技術」ではなく、「愛する技術」を問題にしているのはそのためです。愛されたい人は、人に合わせて自分を変えようとすることで、相手に自分を愛させようとします。自分だけでなく、相手をも変えようとするのです。しかし、相手を変えることはできません。変えられるのは自分だけであるというところから出発するしかないのです。

もう一つの理由は、こういう時はこうしたらいいというようなことを、応用問題を解く時のように覚え込んでも、人は皆一人一人違うので、同じようにしても相手からの反応が同じになるとは限らないからです。何か想定外のことが起きれば、たちまち行き詰まってしまうことになります。

そうならないためには、数学であれば公式に相当するような原則的、原理的なことを学ばなければなりません。人を愛するとはどういうことなのかを考察しない恋愛の本を書くことができなかったのはそのためです。

理論的な話が苦手でしたら、第四章から読まれてもいいと思いますが、第三章の「人を愛するとはどういうことなのか」も是非読んでみてください。

「幸福なラブストーリー」である本書をここまで読んだあなたが「結婚して、いいことしかない」という言葉に素直に共感できるようになっていればいいなと思います。

編集担当の大沼楽さんは何度も私の書斎にやってこられ、その都度、長く議論をしました。やがて書き上げた私の原稿を熟読し、疑問をぶつけてくる大沼さんの追及の矛先をかわすのは大変でしたが、おかげでいい本になりました。ありがとうございました。

二〇一七年十二月

岸見一郎

参考文献

Adler, Alfred. *Adler Speaks: The Lectures of Alfred Adler*, Stone, Mark and Drescher, Karen eds., iUniverse, Inc., 2004.

Buber, Martin. *Ich und Du*, Verlag Lambert Schneider, 1977.

Burnet, J. ed. *Platonis Opera*, 5 vols., Oxford University Press, 1899-1906.

Freud, Sigmund. *Das Unbehagen in der Kultur*, Fischer Taschenbuch Verlag, 1994.

Fromm, Erich. *Haben oder Sein*, Deutscher Taschenbuch Verlag, 1976.

Hooper, Ann et al. eds., *Adler for Beginners*, Writers & Readers, 1998.

Ross, W.D. *Aristotle's Metaphysics*, Oxford University Press, 1948.

アドラー、アルフレッド『教育困難な子どもたち』岸見一郎訳、アルテ、二〇〇八年

アドラー、アルフレッド『性格の心理学』岸見一郎訳、アルテ、二〇〇九年

アドラー、アルフレッド『人生の意味の心理学（上）』岸見一郎訳、アルテ、二〇一〇年

アドラー、アルフレッド『人生の意味の心理学（下）』岸見一郎訳、アルテ、二〇一〇年

アドラー、アルフレッド『個人心理学講義』岸見一郎訳、アルテ、二〇一二年

アドラー、アルフレッド『人はなぜ神経症になるのか』岸見一郎、アルテ、二〇一四年

イソップ『イソップ寓話集』中務哲郎訳、岩波書店、一九九九年

太田雄三『喪失からの出発―神谷美恵子のこと』岩波書店、二〇〇一年

神谷美恵子『生きがいについて』（『神谷美恵子著作集1　みすず書房、一九八〇年所収）

岸見一郎、古賀史健『嫌われる勇気』ダイヤモンド社、二〇一三年

岸見一郎、古賀史健『幸せになる勇気』ダイヤモンド社、二〇一六年

岸見一郎『よく生きるために働くということ』ＫＫベストセラーズ、二〇一六年

岸見一郎『幸福の哲学』講談社、二〇一七年

岸見一郎『幸福の条件』KADOKAWA、二〇一七年
クリシュナムルティ、J.『子供たちとの対話』平河出版社、一九九二年
左近司祥子『本当に生きるための哲学』岩波書店、二〇〇四年
太宰治「満願」（『富嶽百景・走れメロス』岩波書店、一九五七年所収）
辻邦生、水村美苗『手紙、栞に添えて』筑摩書房、二〇〇九年
フロム『生きるということ』佐野哲郎訳、紀伊國屋書店、一九七七年
フロム『愛するということ』鈴木晶訳、紀伊國屋書店、一九九一年
三木清『人生論ノート』新潮社、一九五四年
三木清『人生論ノート』KADOKAWA、二〇一七年
ミンコフスキー、E.『生きられる時間〈1〉』みすず書房、一九七二年
村上春樹『村上ラヂオ』新潮社、二〇〇三年
森有正『バビロンの流れのほとりにて』（『森有正全集1』筑摩書房、一九七八年所収）
森有正『流れのほとりにて』（『森有正全集1』筑摩書房、一九七八年所収）
森有正『砂漠に向かって』（『森有正全集2』筑摩書房、一九七八年所収）
森有正「リールケのレゾナンス」（『森有正全集4』筑摩書房、一九七八年所収）
八木誠一『ほんとうの生き方を求めて―共存のフロント構造』講談社、一九八五年
鷲田清一『「聴く」ことの力―臨床哲学試論』TBSブリタニカ、一九九九年
和辻哲郎『妻　和辻照への手紙（上）』講談社、一九七七年
和辻哲郎『妻　和辻照への手紙（下）』講談社、一九七七年
和辻照『夫　和辻哲郎への手紙』講談社、一九七七年
『聖書』新共同訳、日本聖書協会、一九八九年
『聖書』（前田護郎編『世界の名著12』中央公論社、一九六八年所収）

PHP新書

PHP INTERFACE
https://www.php.co.jp/

岸見一郎［きしみ・いちろう］
1956年京都府生まれ。哲学者、日本アドラー心理学会認定カウンセラー・顧問。京都大学大学院文学研究科博士課程満期退学(西洋哲学史専攻)。専門の哲学と並行して、1989年からアドラー心理学を研究。精力的に執筆・講演活動を行っている。著書に『嫌われる勇気』『幸せになる勇気』(ともに共著　ダイヤモンド社)、『アドラー心理学入門』(ベスト新書)、『生きづらさからの脱却』(筑摩選書)、『人生を変える勇気』(中公新書ラクレ)、『幸福の哲学』(講談社現代新書)など。

愛とためらいの哲学

PHP新書 1131

二〇一八年三月一日　第一版第一刷
二〇二五年二月七日　第一版第十三刷

著者――岸見一郎
発行者――永田貴之
発行所――株式会社PHP研究所
東京本部――〒135-8137 江東区豊洲5-6-52
ビジネス・教養出版部 ☎03-3520-9615(編集)
普及部 ☎03-3520-9630(販売)
京都本部――〒601-8411 京都市南区西九条北ノ内町11
組版――有限会社エヴリ・シンク
装幀者――芦澤泰偉＋児崎雅淑
印刷所――大日本印刷株式会社
製本所――大日本印刷株式会社

ISBN978-4-569-83757-4

ＰＨＰ新書刊行にあたって

「繁栄を通じて平和と幸福を」（PEACE and HAPPINESS through PROSPERITY）の願いのもと、ＰＨＰ研究所が創設されて今年で五十周年を迎えます。その歩みは、日本人が先の戦争を乗り越え、並々ならぬ努力を続けて、今日の繁栄を築き上げてきた軌跡に重なります。

しかし、平和で豊かな生活を手にした現在、多くの日本人は、自分が何のために生きているのか、どのように生きていきたいのかを、見失いつつあるように思われます。そして、その間にも、日本国内や世界のみならず地球規模での大きな変化が日々生起し、解決すべき問題となって私たちのもとに押し寄せてきます。

このような時代に人生の確かな価値を見出し、生きる喜びに満ちあふれた社会を実現するために、いま何が求められているのでしょうか。それは、先達が培ってきた知恵を紡ぎ直すこと、その上で自分たち一人一人がおかれた現実と進むべき未来について丹念に考えていくこと以外にはありません。

その営みは、単なる知識に終わらない深い思索へ、そしてよく生きるための哲学への旅でもあります。弊所が創設五十周年を迎えましたのを機に、ＰＨＰ新書を創刊し、この新たな旅を読者と共に歩んでいきたいと思っています。多くの読者の共感と支援を心よりお願いいたします。

一九九六年十月

ＰＨＰ研究所